서른,
인맥이
필요할때

KB066457

이 도서의 국립중앙도서관 출판시도서목록(CIP)은 e—CIP 홈페이지(http://www.nl.go.kr/ecip)와
국가자료공동목록시스템(http://www.nl.go.kr/kolisnet)에서 이용하실 수 있습니다.
(CIP제어번호: CIP2012001918)

| 혼자 힘으론 안 된다고 느낄 때 |

서른,
인맥이
필요할 때

· 김기남 지음 ·

지식
공간

나를 작아지게 만드는 책

: 前 삼성전자㈜ LCD 중국 법인장 강완모

   며칠 전 저자로부터 한 통의 메일을 받았다. 메일에는 원고 하나가 첨부되어 있었다. 〈서른, 인맥이 필요할 때〉였다. 멘티가 묻고 멘토가 답하는 형식이어서 마치 저자와 마주앉은 듯 페이지가 술술 넘어갔다. 멘토의 진솔한 이야기를 듣다 보니 문득 작아져 있는 나를 발견한다.

   저자는 오래 묵힌 된장처럼 진한 향이 가득 밴 인맥론을 펼쳤다. 그는 인맥을 이렇게 말했다.

   '소유가 아닌 나눔'이며 '나 중심이 아닌 각자 중심'이며 '말하기가 아닌 경청'이며 '상대의 마음속으로 침투하는 것이 아니라 내 마음의 문을 활짝 여는 것'이라고.

   그리고 저자는 20년 사회생활의 성공담을 들려주고, 동서고금의 흥미로운 이야기들을 하나씩 풀이하며 나를 인맥의 깊은 숲으로 안내해주었다. 그 깊은 숲에서, 나는 인맥이 어떻게 탄생하는지 배운다.

상대의 마음에 '관심'이라는 씨앗을 심고, '믿음'의 싹을 틔우며, '동행'이라는 꽃을 피워가는 것, 그리고 그 꽃이 진 자리에 탐스런 열매가 맺는 것이 인맥임을 배운다. 나아가 그 열매를 함께 따먹으며 다시 새로운 씨앗을 뿌리는 것이 인맥임을 배운다. 그렇게 인맥은 점점 커져간다.

인맥을 잘못 알고 있는 이들에게, '사람 사이'에 문제가 있는 독불장군에게, 남과 더불어 성공을 이루고 싶은 경영자에게 이 책을 권한다.

인맥은 무릎 꿇기

: LG디스플레이 상무이사 신종근

채송화 그 낮은 꽃을 보려면 / 그 앞에서 / 고개 숙여야 한다

그 앞에서 / 무릎도 꿇어야 한다

삶의 꽃도 / 무릎을 꿇어야 한다

_박두순

인간관계란 '무릎 꿇기'라고 알려주는 책이다. 매일 마주치지만 무심코 지나치는 식당 아주머니에게 인사 잘하고, 남을 탓하기 전에 나

의 부족함을 먼저 헤아리는 것이 인맥을 넓히는 방법이라고 말하는 책이다.

　젊은이가 사람을 사귀기 힘든 이유는, 그런 것을 못 보았기 때문이다. 그처럼 사소한 일상의 행동과 마음가짐들이 1만 명의 인맥을 만드는 줄 몰랐기 때문이다. 그런 인맥이 내 평생의 든든한 지원군이 된다는 것을 몰랐기 때문이다.

안 돼, 읽지 마!

: 한국소니전자주식회사 이사 권인현

　이 책을 읽으면…… 상사는 감동하고 반성해서 고속승진 하겠지? 부하직원은 상사를 추월해서 출세하겠지? 사업자는 사업이 번창해서 갑부 되겠지? 그럼 누가 부하직원 하고 누가 장래 희망 꿈돌이가 되겠어? 안 돼~ 아무도 모르게 나만 읽어야지, 그래야 나만 성공한 인생이 되겠지? 안 돼~ 읽지 마!

　시간이 부족하다면 읽기를 권하지 않겠다. 한번 잡으면 손에서 놓을 수 없기 때문이다. 갑자기 쏟아진 물벼락처럼 진한 감동이 흠뻑 나를 적시고, 공감을 불러오는 문장들에 수없이 무릎을 친다.

인기가 아닌 인맥을 갖고 싶다면

: 한울회계법인 부대표 공인회계사 김민섭

돈 있는 자는 돈으로 사람을 모으고, 권력 있는 자는 권력으로 사람을 모은다. 그렇다면 돈도 없고 권력도 없는 사람은 무엇으로 인맥을 넓혀야 할까?

이 책은 어렵지만 본질적인 인맥의 문제에 대해서 다음과 같이 답하고 있다.

"사람을 얻으려고 하는 대신 당신이 그의 사람이 되어주세요. 남에게 믿음을 요구하는 대신 그의 믿음을 사기 위해 노력하세요."

인기가 아닌 인맥을 갖고 싶은 사람에게 권한다.

서른,
인맥 멘토에게 묻다

　인맥이 능력이라고 했던가. 자기 잘난 맛에 살아오던 나는, 서른의
나이에 벽에 부딪치고 말았다. 주위에 아는 사람이 없다는 것이, 나의
편이 없다는 것이 인생의 큰 벽이 될 줄은 꿈에도 몰랐다. 나는 그 벽
앞에서 한없이 작아지고 있었고, 방법을 찾고 있었다. 그때 인맥 멘토
가 나에게 다가왔다.

　그의 수첩에는 1만 명의 인맥이 빼곡히 기록되어 있었다. 이름만 대
면 다 아는 정치인과 대기업체 임원을 비롯하여 각계각층의 인사들,
예컨대 언론인, 법조인, 의료인, 학자, 시인, 크고 작은 기업체의 경영
자, 전국의 엔지니어, 영업자가 그의 인맥 자산이었다. 그리고 그 자산
은 그가 부사장으로 있는 회사가 8년 만에 세계적인 기업들과 거래하
는 강소기업으로 성장하는 데 밑거름이 되었다.

　비결이 무엇일까? 평범한 영업사원으로 사회생활을 시작한 그는 어
떻게 1만 명의 인맥을 갖게 된 것일까? 그게 궁금했고, 그 능력이 필
요했다. 운이 따랐는지 나는 그에게 멘토링을 받게 되었고, 이 책은 그
기록이다.

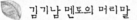 김기남 멘토의 머리말

나 혼자의 성공이 아닌
함께 성공하기 위한 인간관계

"인맥이 1만 명이라고요?"

사람들이 제게 가장 많이 묻고, 또 가장 궁금해하는 내용이 바로 인맥을 넓히는 방법입니다.

흔히 '인맥 넓히기'라고 하면 마음을 얻는 방법이나 상대를 내 편으로 만드는 기술 따위를 연상합니다. 매력적인 화술이란 무엇인지, 상대의 관심을 끌려면 어떻게 해야 하는지, 언제 칭찬하고 어떻게 유머를 구사해야 하는지, 어떤 목소리로 말해야 하는지, 어떤 태도로 들어야 하는지 그런 내용을 떠올립니다. 한마디로 환심을 사는 방법들을 생각합니다.

물론 그런 게 뒷받침된다면 사람을 사귀는 데 도움은 되겠지요. 그러나 불행히도 저는 그런 재주를 타고 나지도 못했고, 또한 그게 인맥을 만드는 본질적인 방법이라고 생각지도 않습니다.

그렇습니다, 저는 지금, 사람들에게 잘 보이려고 노력한다고 해서 인맥이 넓어지는 것은 아니라고 말하고 있습니다. 그건 인기를 끄는 방법이지 인맥을 넓히는 방법이 아닙니다.

인맥은 인기와 다릅니다. 만일 여러분이 도움이 필요하다면 누구를 찾으시겠습니까? 인기 있는 그 사람인가요? 아니면 내 부탁을 거절하지 않을 그 누구인가요? 답은 너무 명료하지요.

인기는 마치 허깨비나 아지랑이와 같아서 있다가도 금세 사라집니다. 반면 인맥은 얇은 종이 한 장 한 장이 쌓여서 백과사전이 되듯이 매일 일상에서 보여주는 모습이 조금씩 쌓여서 형성되는 관계이기 때문에 그만큼 단단하고 끈끈합니다.

그래서 인맥 쌓기는 시간이 오래 걸립니다. 마치 수영장에 물 채우기 같다고 할까요? 수도꼭지를 틀어놓고 이제나 저제나 가득 차기를 기다립니다. 한참이 지난 것 같은데 여전히 바닥만 찰랑거립니다. 속이 타지요.

하지만 제 생각이 옳다면 제가 쓴 방법만큼 인맥을 빠르게 늘리는 방법도 없는 것 같습니다. 왜냐하면 물이 다 찰 때까지 기다릴 필요가 없기 때문입니다.

생각해 보세요. 수영장에 물을 채우는 이유는 사람들과 함께 즐기기 위해서입니다. 사람들이 풍덩 풍덩 물에 뛰어들면 수위는 저절로 올라갑니다. 그 순간이 티핑 포인트입니다. 사람이 사람을 부르고, 인맥의 풀은 점점 커집니다. 더 이상 저 혼자 수영장을 채울 필요가 없습니다. 이미 제 주변에는 저와 함께 수영장을 가득 메워주는 인맥이 있기 때문입니다.

인맥이란 '서로의 성공을 지지해주고 지원해주는 관계'입니다. 나혼자의 성공이 아닌, 우리 모두의 성공을 위한 인간관계이지요. 그러므로 '나만 잘되면 돼'라는 생각을 갖고 있다면 절대로 인맥을 넓힐수 없습니다. 진심으로 상대의 성공을 기원해야 하고, 도와야 합니다. 그리고 누가 보더라도 함께 일하고 싶은 그런 사람이 되도록 스스로를 만들어야 합니다. 그러면 자연히 여러분 주위로 사람이 모이게 됩니다.

인맥을 넓히는 데 목적을 두지 마시고, 한 사람이라도 진솔하게 만나세요. 그게 인맥을 넓히는 방법입니다. 이 사람도 대충 만나고, 저사람도 대충 만나면 아무도 여러분 곁에 남으려고 하지 않습니다. 수

영장에 물을 채운다는 마음으로 길게 보고 참되게 만나세요. 그러면 나무가 자라듯이 어느 틈에 활짝 가지를 퍼뜨린 여러분의 인맥을 보게 될 것입니다.

2012년 5월

김기남

: 차례 :

멘토링 첫째 날

서른, 인맥을 묻다

서른,
인맥을 묻다

"상대를 내 편으로 만들려면 어떻게 해야 합니까?"
"······당신이 그의 편이 되어주세요."

01

잘못된 질문

"상대를 내 편으로 만들려면 어떻게 해야 할까?"

인맥의 달인을 만나면 늘 묻고 싶은 질문이었다. 하지만 김기남 멘토의 답변은 기대하던 내용이 아니었다.

"질문이 잘못된 것 같습니다."

"네?"

내가 눈을 동그랗게 뜨자 김기남 멘토가 빙긋 웃는다.

"내가 힘들 때 나를 도와줄 수 있는 그런 사람이 있었으면 좋겠지요? 항상 나를 지지해주고 옹호해주는 그런 사람 말입니다."

"네, 그런 인맥을 갖고 싶습니다."

"하지만 말입니다. 그런 사람을 만나기는 하늘의 별 따기입니다. 부모님이라면 그럴 수 있겠지요. 친구 중에도 한두 명은 그런 사람이 있을지 모릅니다. 하지만 사회에서는 그런 사람 만나기가 정말 어렵습니다.

혹시 맹상군이라고 아세요? 인맥의 달인이라고 하면 다섯 손가락 안에 꼽히는 사람인데."

"이름은 들어본 것 같은데 잘은 모르겠습니다."

고개를 갸웃하자 김기남 멘토가 맹상군 이야기를 풀어놓는다.

"중국 전국시대에 사공자라고 불리는 네 명의 공자가 살았습니다. 오늘날로 말하면 인맥의 달인들입니다. 인재의 중요성에 대해서 일찍부터 자각하고 전국 각지의 난다 긴다 하는 인물들과 교제했던 사람들이지요. 이 가운데 첫손에 꼽히는 인물이 맹상군입니다. 그가 선비를 잘 섬긴다는 소문이 돌자 전국 각지에서 3,000명의 사람들이 대문을 두드렸습니다. 맹상군은 그들에게 먹을 것, 입을 것, 탈 것을 제공하며 극진히 대우했습니다.

그런 맹상군이 하루아침에 제나라 재상 자리에서 쫓겨났습니다. 그러자 그 많던 사람들이 다 떠나고 오직 풍환이라는 사람만 남았지요. 하지만 인생사 새옹지마라고 얼마 뒤 맹상군이 다시 제나라 재상에 올랐습니다. 어떻게 됐을까요? 각지로 흩어졌던 식객들이 거짓말처럼 맹상군의 날개 밑으로 찾아들었습니다.

맹상군은 기분이 썩 좋지만은 않았습니다. 조금 힘들어졌다고 다 떠났던 사람들이 언제 그랬냐는 듯이 다시 나타났으니 말입니다. 물론 맹상군 정도 되는 인물이 대놓고 사람들을 욕하고 쫓아내지는 않았을 테지요. 하지만 원망하는 마음이 아주 없지는 않았을 것입니다. 풍환, 유일하게 맹상군의 곁을 지킨 그 풍환의 눈에는 맹상군의 서운해하는 마음이 보였습니다. 그가 보기에 그런 마음으로는 큰일을 도모하지 못할 것 같았습니다. 그래서 이렇게 조언합니다.

'부유하고 귀하면 사람들이 모여들고, 가난하고 지위가 낮으면 벗이 적어지기 마련입니다. 당신은 혹시 아침 일찍 시장으로 가는 사람들을 보신 적이 있습니까? 새벽에는 어깨를 부딪치며 앞 다투어 문으로 들어가지만 날이 저물면 팔을 휘휘 내저으면서 빠져나갈 뿐 아무도 시장을 돌아보지 않습니다. 이는 그들이 아침을 좋아하고 저녁을 싫어해서가 아닙니다. 날이 저물면 마음속에 담아두었던 물건을 시장에서 찾을 수 없기 때문입니다. 당신이 지위를 잃게 되자 빈객들이 모두 떠나가 버렸다고 해서 그들을 원망할 필요는 없습니다. 예전과 똑같이 대하시면 됩니다.'

맹상군은 풍환의 말이 옳다고 여기고 다시 빈객들을 극진히 대우했습니다.

……아까 물으셨지요? 상대를 내 편으로 만들려면 어떻게 해야 하느냐고. 그런데 그건 인맥의 달인으로 알려진 맹상군도 하지 못한 일

입니다. 식객 3,000명 가운데 끝까지 맹상군의 곁을 지킨 사람은 몇 명입니까? 달리 말해, 맹상군 입장에서 마음을 얻었다고 할 만한 사람은 몇 명입니까? 풍환, 단 한 명입니다. 나머지 2,999명은 다 도망 갔습니다. 그들은 맹상군에게 마음을 주지 않았습니다. 맹상군의 편이 아니었어요. 그들은 맹상군이 아니라 맹상군이 쓰고 있는 감투를 보고 그를 찾아온 것입니다. 감투가 사라졌으니 남아 있어서 뭘 하겠습니까? 그래서 떠난 것이지요. 이런 일은 오늘날에도 비일비재합니다. 옛날이야기가 아닙니다."

그러고 보면 2,999명의 식객들은 우리 주위에서 볼 수 있는 나름 능력 있는 사람들이다. 그들은 마치 비둘기 떼처럼 먹을 게 있어야 모여든다. 반면 먹을 게 없으면 언제 그랬느냐는 듯이 푸드덕 날아가 버린다.

"하지만 말입니다……"

김기남 멘토가 말을 잇는다.

"그들을 나쁘다고 말해서는 곤란합니다. 풍환이 그랬지요. 사람이 변하는 것을 탓하지 말아야 한다고. 그게 인지상정이라고. 사람이란 본래 그렇다는 것을 받아들여야 합니다. 사람은 변합니다. 상황이 변하면 얼마든지 마음을 바꿉니다. 그게 사람이지요. 나쁘다고 욕해서는 안 됩니다. 그들이 풍환처럼 듬직하지 못하다고 해서 욕을 해서는 안 됩니다. 그들이 자기 이익을 따라 움직인다고 해서 그들을 원망해서는 안 됩니다. 그래서는 절대 인맥을 넓힐 수 없습니다. 흔히 포용력이 있다고 하지요? 원망하는 마음, 미워하는 마음으로는 절대 타인을 품어 안을 수 없습니다."

> 부도 없고, 권력도 없고, 인지도도 없을 때 당신은 무엇으로 인맥을 넓힐 것인가? 내가 김기남 멘토의 이야기에 끌렸던 가장 큰 이유는 그가 아무것도 가진 것이 없는 데서 출발하여 1만 명의 인맥을 보유하게 되었다는 사실 때문이었다. 지위도 사람도 다 잃었던 맹상군의 이야기는 그런 관점에서 내게 의미심장했다.

변치 않는 사람은 찾기 어렵다

"사람의 마음은 수시로 변합니다. 변하는 사람의 마음을 그 누가 알 수 있겠습니까? 사람들은 이런 사실을 간과합니다. 저 사람은 변치 않을 사람이다, 그렇게 말해요. 그런데 사실일까요? 과연 내 인맥 중에는 몇 명이나 마음이 변치 않을까요? ……질문 한 가지 해볼게요. 사람을 아는 데 걸리는 시간이 얼마나 될까요?"

"사람을 아는 데 걸리는 시간이요? 글쎄요, 한 2~3년…… 잘 모르겠습니다."

내가 고개를 갸웃하자 멘토가 답한다.

"제 경우는 15년입니다.

첫 직장에 있을 때입니다. 같은 영업 사원으로 책상을 나란히 쓰던 분이 계셨습니다. 금방 친해져서 얼마 뒤부터는 허물없이 지내는 사이가 되었습니다. 그렇게 15년간 마음을 나누었습니다. 그 무렵 그분이 회사를 그만두고 회사 대리점을 직접 운영하게 되었습니다. 회사 직원에서 회사 파트너가 되신 거죠. 그런데 영업하고 대리점 운영이 똑같을 수는 없겠지요. 장사가 너무 안 됐습니다. 대리점을 낼 때는 회사에 보증금을 맡겨야 되는데, 장사가 안 되니까 보증금을 날릴 상황에 처했습니다. 하루는 그분이 저를 찾아왔습니다. 얼굴이 말이 아니었습니다. 마치 궁지에 몰린 들짐승처럼 보였으니까요."

김기남 멘토는 그때로 돌아간 듯 잠시 호흡을 가다듬었다.

"그리고 하는 말이 그 돈이, 그러니까 그 보증금이 아버지의 유산이다, 그러니 돌려달라는 겁니다. 그분이 저를 찾아온 이유는 잘 알고 있었습니다. 제가 대리점을 관리하고 있었기 때문이지요. 하지만 그분의 요구는 들어줄 수 있는 성질의 것이 아니었습니다. 그분도 모를 리가 없지요. 평상시의 그분이었다면 말입니다."

일상에서는 당연하던 일도 비상 상황에서는 당연하지 않은 일로

둔갑한다. 마음이란 그처럼 주어진 환경에 따라 달라진다.

"제가 알던 그분이 아니었습니다. 딴 사람 같았어요. 얼굴은 일그러져 있었고, 눈에는 핏줄이 벌겋게 서 있었습니다. 숨소리마저 거칠었지요. 어떤 말을 해야 좋을지 몰랐어요. 어떻게든 이 상황을 마무리해야 할 텐데 상대는 전혀 대화할 준비가 되어 있지 않았어요. 시계의 초침만 째깍째깍 움직이고 있었어요. 지나치게 고요하면 그런 작은 소리들이 들리잖아요. 저도 모르게 한숨이 푹 나왔어요. 그리고 이렇게 말했지요. '저를 어떻게 하셔도 좋습니다만, 달리 방법이 없습니다.' 사실 그때 무슨 사단이 날지 모르니까 겁도 났어요. 제가 제어할 수 있는 상황이 아니라는 것만은 확실했지요."

김기남 멘토가 어조를 달리하여 말을 이었다.

"저는 그때 깨달았습니다. 아, 내가 이분을 잘 모르고 있었구나. ……사람은 위기에 처하면 얼마든지 바뀔 수 있습니다. 다만 그러지 않으려고 노력하거나 아닌 척 할 뿐이지요. 어쨌든 저는 그 일을 겪은 뒤로 사람에 대한 평가를 유보하게 되었습니다. 이 사람은 이렇다, 저 사람은 저렇다 하고 단정 짓지 않게 되었습니다. 사람을 알 수 있다는 생각은, 제가 보기에는 자만입니다."

문득 피터 드러커의 할머니 이야기가 떠올랐다. 드러커의 할머니는 손녀들이 외출을 준비하면 이렇게 잔소리를 했다고 한다.

"밖에 나갈 때는 깨끗한 속옷을 입도록 해라."

손녀들이 입을 삐죽 내밀며 대답했다.

"할머니, 저희는 그런 여자들이 아니거든요."

그러자 할머니가 이렇게 응수했다.

"너희들이 숙녀인지 아닌지는 상황이 닥치기 전에는 알 수 없지."

사람은 언제든 변할 수 있다. 평소 행실이 바르기로 소문난 사람도 술에 취하면 달라질 수 있다. 술 취해도 흐트러지지 않던 사람이 아내의 죽음으로 폐인이 될 수도 있다. 친구들에게 베풀기 좋아하던 사람이 10억이라는 돈 앞에서 탐욕스런 자가 될 수도 있다. '일상'이라는 상황 아래에서의 평가는 '일상'이라는 상황에서만 들어맞을 뿐이다. 상황이 변하면, 사람도 변한다.

사람을 얻을 수도 없고, 사람을 알 수도 없다. 그게 김기남 멘토의 전제였다. 그렇다면 인맥을 넓히려면 어떻게 해야 하는가? 김기남 멘토가 택한 방식은 사람을 얻을 수 없다면 내가 그의 사람이 되어주는 것이고, 사람을 알 수 없다면 그로 하여금 나를 알도록 하는 것이었다.

02

인맥의 정의를
다시 세우다

 잘못된 질문에서 시작된 우리의 만남은 다시 처음으로 돌아왔다. 나는 다시 첫 질문을 던져야 하는 입장에 놓였다. 안 그래도 다음 이야기가 궁금했다. 상대를 내 편으로 만들려는 생각이 잘못이라면, 어떻게 해야 할까?

 "그렇다면 내가 상대의 편이 되도록 노력해야 한다는 뜻인가요? 그래야 인맥을 만들 수 있다는 말인가요?"

 "그렇지요, 그래야 합니다."

 "그런데 상대의 편이 되어야 한다고 하니까 인맥을 만드는 방법처럼 느껴지지 않습니다."

"아마도 그럴 거예요. 흔히 인맥을 말할 때 내가 중심에 있고, 인맥들이 내 주위를 둘러싸고 있는 모습을 떠올리실 거예요. 하지만 인맥이란 그런 것을 말하는 게 아니에요. 인맥을 쌓는다는 말도 적절한 표현은 아니지요. 인맥을 쌓는 목적이 무엇인가요? 자기 뒤를 봐달라는 것인가요? 나의 이익을 위해 힘 써 달라는 뜻인가요? 상대에게는 아무런 보람이 없는데 무조건 도와달라는 뜻인가요? 그렇게 해서는 인맥이 생길 수 없어요. 인맥에 대한 정의부터 다시 세워야 해요. 인맥이란 '나' 중심의 인간관계를 말하는 것이 아니에요. 각자 중심

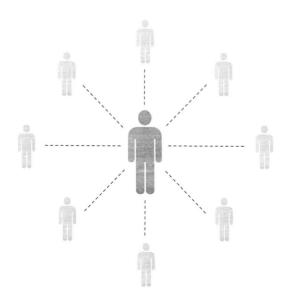

| '나' 중심으로 파악한 인맥. 이런 생각은 전혀 현실적이지도 못하고, 인맥을 넓히는 적절한 방법도 아니다.

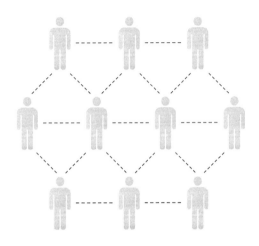

'각자' 중심으로 파악한 인맥. 자신을 수많은 관계 중에 하나라고 인식해야 하며, 그런 마음으로 상대에게 다가가야 한다.

인 사람들이 만나서 이루는 관계가 인맥이에요.”

“각자 중심이라…… 알 것 같기도 한데 조금 애매합니다.”

“그럼 이걸 생각해 보세요. 우주의 중심은 어디일까요?”

“글쎄요, 잘 모르겠습니다……”

“옛날 사람들은 지구가 우주의 중심이라고 철석같이 믿었어요.”

“예, 그랬습니다.”

“그런데 지동설이 나온 뒤로 어떻게 바뀌었지요?”

“태양이 중심이라고 생각했습니다.”

“맞아요. 그런데 과학이 발달하다 보니 태양도 그저 변방의 별에 지나지 않는다는 사실이 밝혀졌습니다. 그리고 오늘날 과학자들은 우주에는 중심이 없다고 말해요. 마찬가지로 각자 중심이란 중심이 따로 없다는 뜻이에요. 다만 휴먼 네트워크(human network)가 존재할 뿐이죠."

"인맥이라고 하면 어떤 구심점을 떠올리는 게 일반적인 것 같은데 그게 잘못이라는 말씀이시군요."

"그렇지요. 우리는 누군가를 위해 존재하는 게 아니에요. 우리는 단지 우리 자신일 뿐이에요. 따라서 내 편이다, 마음을 얻었다 하는 말은 적절한 표현이 아닙니다. 얻다니 무엇을 얻는다는 말인가요? 인맥은 소유가 아니에요. 사랑은 소유가 되나요? 이성의 마음을 얻기 위해 노력하는 분들이 많을 텐데 마음이 물건도 아니고 어떻게 소유할 수 있지요? 그건 사랑이 아니에요. 인맥도 마찬가지예요. 사람의 마음을 얻는 것을 인맥이라고 부르곤 하는데 과연 마음을 소유할 수 있을까요? 인간관계를 소유의 개념으로 이해해서는 인맥을 제대로 이해하지 못해요."

처음 '인맥의 달인'이라는 말을 들었을 때 나는 여왕개미를 떠올렸다. 하지만 내가 생각한 것은 인맥이 아니라 권력 관계이다. 권력 관계에서는 중심이 이동하면, 즉 권력의 위치가 바뀌면 사람들도 옮겨간다. 반면 참된 인맥은 중심이 따로 없기 때문에 권력처럼 무게중심이 바뀌지도 않고, 사람들도 떠나지 않는다.

사람들이 사귀고 싶어 하는 사람이 되라

"그렇다면 휴먼 네트워크라는 전제 아래 어떻게 하는 것이 바른 인맥 쌓기인가요?"

"이제 상대를 내 편으로 만들려는 생각은 출발이 잘못되었다는 사실을 아셨으리라 생각해요. 인맥은 소유가 아니기 때문입니다. 하지만 반대는 가능해요. 그의 편이 되어줄 수는 있거든요. 풍환처럼 옆을 든든히 지켜주는 사람이 되는 거지요."

"맹상군이 재상 자리에서 쫓겨났을 때 옆을 지켜주었던 것처럼 말씀이시지요?"

"그래요. 그런 자세가 매우 중요해요. 맹상군이 인맥의 달인이 될수 있었던 이유는 풍환의 조언을 받아들였기 때문이에요. 풍환은 '사람들은 변하기 마련이다, 그러나 당신은 변해서는 안 된다, 그래야 사람들이 모일 것이다. 그러니 예전처럼 사람들을 똑같이 대우하라.'고 조언했어요. 나만큼은 변함이 없도록 노력해야 한다는 말입니다. 우리가 유일하게 내 마음대로 할 수 있는 게 있다면 그건 바로 자기 자신입니다. 다른 사람의 마음이 변치 않도록 만들 수는 없어도 나만큼은 변치 않도록 노력할 수는 있잖아요?

맹상군의 이야기를 보면 사람을 사귀는 방식에 두 가지가 있다는 사실을 알 수 있어요. 2,999명의 식객들처럼 감투 보고 사람을 만나는 것과, 풍환처럼 한 번 신의를 맺은 사람과 끝까지 교우하는 것입니다.

인간관계에는 여러 가지 양상이 있어요. 부모자식처럼 혈연으로 맺어진 관계가 있는가 하면 사회에서 만난 친구와 이성 관계, 선후배 관계, 상사·부하 관계, 노사 관계, 갑을관계 등이 있지요. 그런데 이 모든 관계에는 늘 그림자처럼 따라다니는 것이 있습니다.

바로 이해(利害)입니다.

누군들 순수한 교우를 꿈꾸지 않겠습니까? 그러나 음식이 있으면 파리가 꼬이듯 인간관계에는 늘 이해관계가 개입합니다.

나무가 고요하고자 하나 바람이 그치지 않는다고 하지요? 우리는 누구나 마음이 고요하기를 원합니다. 그런데 도통 바람이 그치지 않습니다. 사람을 편하게 만나고 싶지만 이해관계라는 바람이 거세게 불어옵니다.

돈이 개입되면 어떤가요? 갈등하기 마련입니다. 어떤 행동이 자신에게 유리한지 판단해요. 손해가 될 것 같다? 그러면 절대 하지 않아요. 2,999명의 식객들이 맹상군을 떠난 이유는 남아 봤자 득이 없다고 판단했기 때문이에요. 그들뿐 아니라 우리도 일상적으로 그렇게 판단하고 그렇게 행동해요. 이익 앞에서 마음이 이리저리 흔들려요. 반면 풍환은 마음이 흔들리지 않았어요. 아마 누군가 더 좋은 조건으로 그 사람을 스카우트하려고 했어도 맹상군을 떠나지 않았을 거예요. 풍환과 같은 사람은 찾기가 힘들어요. 그렇지요?"

"예, 맞습니다. 저도 그런 사람을 거의 본 적이 없는 것 같습니다."

"그런데 만일 기회가 닿는다면 우리는 어떤 사람과 사귀고 싶을까요?"

"그야, 아무래도 풍환이겠지요?"

"맞아요, 백이면 백, 풍환을 선택할 거예요. 늘 한결같은 사람, 변치 않는 사람과 친구를 맺으려고 할 거예요. 여기에 답이 있어요."

멘토는 잠시 말을 멈춘 채 내 눈을 들여다보았다. 답이 나오기를 기대하는 눈치였다.

"……그럼, 어떻게……"

내가 머뭇거리자 곧 이렇게 답한다.

"그런 사람을 찾으려고 하지 말고, 내가 그런 사람이 되면 됩니다. 내가 변치 않는 사람이 되면 돼요. 그러면 자연스럽게 사람들이 나와 사귀려고 하겠지요?"

"아!"

내 입에서 탄식이 터진다.

밖에서 찾으려고 하지 말고 내가 먼저 인물이 되어라……

멘토의 이야기에 잠시 숨이 멎는 듯했다.

"내가 먼저 풍환과 같은 사람이 되어야 한다는 말씀이 가슴에 다가 옵니다. 풍환처럼 변치 않는 사람이 될 때 자연스럽게 인맥을 넓힐 수 있다는 말씀도요."

"그래서 우리는 풍환이 되기 위해 날이 궂든 좋든 꾸준한 모습을 보여주어야 해요."

"꾸준해야 한다…… 그 말 자체의 문제는 아닐 텐데요, 하지만 '꾸 준해야 한다'고 하니까 사실 조금 식상한 느낌이 없지 않습니다."

"맞아요. 그런 경향이 있지요. 젊은 친구들에게 성실해라, 꾸준해 라 이런 말 참 많이 하는데, 아무래도 좀 식상하게 들리는 모양이에 요. 하지만 이렇게 생각해 보면 좀 달라요. 예를 들어 1년 내내 사무 실을 청소하는 사람이 있어요. 우리는 그를 두고 내기를 걸 수 있겠 지요? 그가 내일 청소를 할까 말까? 천 원짜리 내기라면 반대로 거 는 사람이 있을지 몰라요. 그러나 백만 원이 걸린 내기라면 어디에 돈을 걸지요?"

"저 같으면 '청소를 한다'에 걸 것 같은데요."

"왜지요?"

"아무래도 죽 해왔다면 안 할 확률보다는 할 확률이 높지 않을까요?"

"그렇죠, 그게 꾸준하다는 말의 뜻이에요. 일단 확률이 높아요. 하지만 조금 더 들어가보면 새로운 사실을 알 수 있어요. 그 사람은 1년 내내 아픈 날이 없을까요? 기분이 나빴던 날은 없었을까요? 청소가 하기 싫은 날은 없었을까요? 아니지요. 분명히 있었을 거예요. 그런데도 청소를 빠뜨리지 않아요. 그게 꾸준하다는 말이에요."

"그렇게 보니까 결코 쉽지 않은 일 같습니다."

"쉬운 일이 아닙니다. 한번은 LG 임원에게 제가 쓴 책을 선물로 드렸어요. 며칠 뒤 책을 다 읽으시고 제게 이렇게 물으셨어요.

'지금도 그렇게 하고 계십니까?'

책에 쓴 대로 솔선수범하며 사람들을 챙기고 있느냐는 뜻이었어요. 순간 뜨끔했지요. 꾸준함이라는 문제는 아는 것과는 전혀 다른 문제입니다. 지식이야 한번 머릿속에 넣으면 끝이잖아요. 하지만 꾸준함이란 전혀 다른 덕목이에요. 저 역시 방심할 때가 있으니까요. 그래서 늘 마음을 돌이켜 보며 게으름을 피우지 않았는지 살피게 되지요.

숙주나물처럼 금세 쉬는 사람이라면 아무도 그를 눈여겨보지 않아요. 그러나 어제도 오늘도, 그리고 내일도 한결같은 모습이라면 비로소 우리는 그를 믿음직한 사람이라고 여기게 돼요. 그런 사람 주위에 사람이 모이는 것은 당연한 일이겠지요?"

03

서른일 때는 모르는
인맥의 비결

우문현답이라고 하던가. 나의 어리석은 질문은 김기남 멘토의 현명한 답변으로 돌아왔다. 이제 조금 멘토가 하는 말들이 이해되기 시작했다.

"방법만 알면 인맥은 자연히 많아지리라고 생각했는데 그게 아니고, 단지 아는 데서 그쳐서는 안 되고 일상에서 꾸준히 실천해야 할 것 같습니다."

"우리가 방법을 모르는 게 아니에요. 단지 알면서도 안 하는 게 문제지요. 잘 기억해 보면, 어르신들이 그런 말씀을 들려주셨어요. 평소에 잘하라고. 지극히 평범한 말이지만 그 말 안에 사람을 사귀는 본질이 담겨 있습니다. 지혜는 먼 곳에 있는 게 아니에요. 늘 가까이 있어요. 그런데도 사람들은 멀리서 찾으려고 해요. 안타깝지요."

"저도 너무 멀리서 찾으려고 했나 봅니다."

"젊을 때 좀 그런 경향이 있지요. 하지만 나이 들면 가까운 데 답이 있다는 사실을 알게 돼요. 그래서 자신을 돌아보게 되고, 가까운 사람들을 살피게 돼요. 자연스러운 변화지요. 당연히 사람을 보는 눈도 달라집니다."

"저도 서른을 넘으면서 조금씩 사람 보는 방식이 달라진다고 해야 할까요? 어쨌든 예전에는 별로 신경 쓰지 않던 것들이 눈에 들어오기 시작했습니다. 예를 들면 말투 같은 것도, 냉소적인 느낌이 드는 사람은 조금 싫게 느껴집니다."

"그렇죠, 그런 게 보는 눈이 달라진다는 말이지요. 젊었을 때는 겉모습만 보는 경향이 있잖아요? 그런데 말씀하신 대로 나이가 들면 사소한 게 눈에 띄기 시작합니다. 평소의 행동거지나 작은 몸짓이 눈에 들어오잖아요? 이게 다 뭐냐면, 예전에는 그렇게 보려고 해도 안 보이던 마음이란 거지요. 마음이라는 것은 잠깐 스쳐가는 표정이나 희미한 미소, 눈빛, 손동작, 자세 등으로 나타나거든요. 보려고 하지 않아도 그런 게 눈에 들어오게 돼요."

"나이가 들면 마음을 보게 된다고요? 나이 드신 분들 앞에서는 함부로 행동을 해서는 안 되겠는데요?"

"맞아요. 젊은이들은 연장자들이 자신을 어떤 눈으로 보고 있는지 잘 몰라요. 자기들 마음대로 '저들은 이런 점에 주목할 거다' 하고 지레짐작하고 그에 맞게 행동하려고 하지요. 하지만 나이가 들어보면 알겠지만 그들은 전혀 다른 것을 보고 있어요. 그러니까 눈높이가 어긋나서 대화가 잘 안 되는 거지요."

"멘토님의 경우는 어떤 것을 보시나요?"

"제 경우에는 식당 아주머니나 경비 아저씨들에게 얼마나 인사를 잘하는지 그런 것들을 봐요. 또 부모님이나 형제들과의 관계도 유심히 체크해요. 일상에서 만나는 가까운 사람과의 관계에 주목해요. 가족에게 잘하는 사람이 사회에 나와서 엉뚱하게 행동하는 경우는 없거든요.

그건 저만 그런 게 아니에요. 나이 든 분들이 젊은이를 평가할 때 그가 가족에게 어떻게 하는지 살피는 사람들이 많아요. 어쩌면 자신이 부모님 입장이 되었기 때문인지도 모르지요. 혹은 그 젊은 직원이 자식처럼 보일 수도 있고요. 어쨌든 이분들은 젊은이가 가족들을 어떻게 대하는지 유심히 살펴요. 가장 가까우면서도 자칫 함부로 대하기 쉬운 사람이 부모님이잖아요. 사람은 가까워지면 경계심을 내려놓고 자신의 본 모습을 보이거든요. 그런데 부모님에게 깍듯하다, 그러면 '아, 저 사람은 인성이 됐구나.' 하고 생각해요. 요컨대 가까운 데서 행하는 일을 보고 먼 데서 행할 일까지 미리 짐작하는 거지요. 자기 부모를 소중히 여기는 사람은 남의 부모, 즉 어르신을 함부로 대하지 않기 때문이지요.

그래서 평소에 잘하라고 어르신들이 말씀하시는 겁니다. 나의 평소 모습을 지켜보는 사람들에게 딴 점수가 진짜 점수거든요. 그 점수가 높은 사람이 인간관계도 잘 맺어요.

연애할 때는 그렇게 끔찍하다가 결혼과 동시에 배우자를 소 닭 보듯이 하는 사람이 있습니다. 부모가 경제력이 있을 때는 열심히 효도하다가 부모가 경제력을 상실한 후에는 나 몰라라 함부로 대하는 사람이 있습니다. 가장 가깝고 가장 친근한 사람에게조차 소홀한 사람이 어떻게 사회에서 만난 사람을 잘 챙길까요? 당장 자신에게 이익이 된다고 생각할 때만 좋게 대하고, 더 이상 효용가치가 없다고 생각하면 막 대하는 것은 바른 인간관계가 아닙니다. 그가 지금 어떤 위치에 있든 늘 한결같은 모습으로 그 사람의 어려움을 살피고 도움을 주는 것이 인간관계를 넓히는 지름길입니다."

김기남 멘토의 이야기를 들으면서 종종 느꼈던 점은, 그는 가족과 지인, 인맥을 딱 부러지게 구분하지 않는 경향이 있었다는 사실이다. 마찬가지로 그는 일과 삶을 칼로 긋듯이 나누지 않았다. 인맥 넓히기란 따로 시간을 내서 하는 게 아니다. 일상에서, 가까운 관계에서 시작하여 조금씩 넓혀가는 것이다. 멘토는 그렇게 말한다.

첫인상보다 더 중요한 것은 첫인상을 지속하는 일

"한 가지 착각하면 안 될 게 있습니다. 일상에서의 평가는 나이 든 사람만 하는 게 아니에요. 주변 동료들도 똑같이 평가를 내리지요. 다만 시선이 다른 곳에 더 끌리기 때문에 의식적으로는 받아들이지 못해요. 쉽게 말해 예쁜 여자를 보면 그 사람의 행동보다는 외모에 더 관심을 갖게 되잖아요. 외모에 한눈이 팔린 나머지 그 여자의 행동에 주목하지 못하지요. 그래도 무의식중에 여자의 행동을 관찰하고 평가를 내리게 돼요. 예컨대 어떤 프로젝트가 주어졌을 때 함께 일하고 싶은지 아닌지 스스로에게 물어보면 돼요. 그때 드는 생각이 무의식중에 갖게 된 생각이에요."

"아, 그런 것 같습니다."

문득 지각했던 요 며칠 전의 일이 떠오른다. 아마 그날 동료들의 생각은 이랬을지 모른다.

'집이 멀어서 그랬다고? 열차가 늦게 도착해서 그랬다고?'

동료들은 나의 집이 얼마나 먼지 신경 쓰지 않는다. 단지 몇 시에 출근하는지 그 모습만 관찰한다. 친한 동료에게 변명하듯 사정을 설명하지만 겉으로만 고개를 끄덕일 뿐 그 속사정을 100% 받아들이지 않는다. 어쨌든 내가 늦었다는 사실은 변함이 없으니까.

그리고 또 떠오르는 많은 기억들. 담배꽁초를 아무 데나 버리고 길바닥에 침을 퉤퉤 뱉었던 기억, 술자리에서 남을 험담하고 방심한 나머지 술에 취해 입에 담지 말아야 할 말을 내뱉었던 기억, 거래처 사람에게 소리를 질렀던 기억, 가족과 통화하면서 짜증을 부렸던 기억, 그리고 회사에서 저질렀던 크고 작은 실수들…… 동료들은 내 마음속에 천사가 사는지, 천재가 사는지 관심을 기울이지 않는다. 다만 겉으로 드러난 사실만을 보면서 통계를 수립한다.

지금 이 순간에도 나는 평가의 대상이 되고 있다. 일상의 행동, 나는 별로 모범적인 사람은 아니었다.

내 속마음을 읽은 것일까, 김기남 멘토가 자신의 머리를 쓰다듬으며 화제를 돌린다.

"오늘 제가 이발을 하고 왔는데요. 사람을 만날 때면 늘 머리를 자르는 편입니다."

"아, 그러셨군요."

나는 알아차리지 못했다. 늘 그 모습이었기 때문이다. 멘토가 입을 뗐다.

"사람 만날 때 첫인상이 중요하다고 하잖아요. 그러나 더 중요한 것은 첫인상을 지속하는 일입니다. 첫인상을 지속하려면 어떻게 해야 하나요? 노력해야 해요. 사소한 것 같지만 그 이미지를 유지하도록 애를 써야 해요. 〈1박2일〉 아시죠? 이승기가 일어나면 가장 먼저 하는 게 뭔지 아십니까? 세수하고 거울 보며 머리 만집니다. 그 모습이 TV를 통해 자꾸 되풀이되면 우리는 이승기가 자기 관리에 투철한 사람이라고 생각하게 됩니다. 머리카락 하나 삐죽 나온 모습에서 우리는 그 사람의 마음을 읽습니다. 물을 들이켜는 모습, 이를 쑤시는 모습, 앉아 있는 자세, 손동작 등 사소한 행동 하나하나가 그 사람의 마음을 대변하고 있습니다. 그러니 어찌 함부로 행동하겠습니까?"

발가벗겨지는 느낌. 첫날 멘토와의 만남을 한마디로 표현하라면 내가 발가벗겨지는 듯한 느낌이었다. 밑천이 드러나고, 내가 품고 있던 인맥에 대한 잘못된 생각이 만천하에 드러나는 듯한 느낌이었다. 사람은 감출 수 없다. 지금까지 나의 일상은 결코 좋은 모습은 아니었다.

04

할 만큼은 했다고?
그것은 인맥이 아니다

잠깐의 휴식을 갖는 동안 문득 궁금증이 생겼다.

"아까 말씀 중에 조금 애매한 게 있는데요. 가까운 사람에게 잘해야 한다고 하셨는데 자기 부모에게 잘하는 사람을 효자라고 부르잖아요. 그런데 효자라고 하니까 인맥과 잘 연결이 안 되는 느낌이 듭니다."

"그건 인맥에 필요한 마음가짐과 효를 다른 것으로 보기 때문이에요. 사실 둘은 다르지 않거든요. 이야기 한 가지를 해볼게요. 중국 신화에는 두 명의 성군이 등장합니다. 한 명은 요임금이고, 한 명은 순임금이지요. 요임금은 자신과 피 한 방울도 섞이지 않은 순임금을 후

계자로 삼았어요. 이유가 뭘까요? 그가 효자였기 때문이에요."

"효자여서 후계자로 삼았다? 흥미로운데요."

"이 이야기는 신데렐라나 콩쥐 팥쥐와 흡사한 데가 있어요. 여기도 계모가 등장하지요. 순 역시 신데렐라처럼 어렸을 때 어머니를 여위었어요. 순의 아버지 고수는 새로 아내를 얻고 상을 낳았지요. 그런데 새어머니와 배 다른 남동생 상은 순을 미워했어요. 아버지 고수 역시 점차로 순을 미워하게 되었어요. 그러나 순은 개의치 않고 부모를 정성껏 모셨고, 동생을 보살폈습니다.

순이 서른이 넘도록 효행을 실천하자 주위 사람들이 그를 요임금에게 추천했습니다. 예전에는 효자로 소문나면 나라에 추천하던 일이 비일비재했습니다. 효성스런 마음으로 백성을 잘 돌볼 수 있다고 생각했기 때문인데요. 사실 효를 제대로 실천하기 위해서는 애정뿐아니라 현명함도 필요해요. 즉 효성스럽다는 말은 덕성과 지성이 겸비되어 있다는 뜻이지요. 어쨌든 요임금은 순에게 두 딸을 시집보내고 순이 집안일을 어떻게 하는지 살피도록 했어요. 또한 아들들에게 순이 바깥일을 어떻게 하는지 관찰하도록 시켰지요.

순은 집에 돌아오면 근검절약을 실천했고, 밖에 나가면 의롭고 성실하게 처신하여 사람들 사이에서 이름이 높았습니다. 자연히 그의 주위에 사람들이 모여들었죠.

이 대목을 조금 주의해서 볼 필요가 있어요. 잘 보시면 효가 어떻게 인맥과 연결되는지 설명되어 있거든요. 앞서 순은 효자라고 했는데 여기서는 '밖에 나가면 의롭다'라고 설명해요. 사실 의(義)나 효(孝)나 그 바탕이 되는 마음은 똑같아요. 단지 대상에 따라 이름이 달라질 뿐이지요. 그 마음으로 부모에게 대하는 것이 효이고, 그 마음으로 사람들을 만나면 그게 의가 돼요. 의롭다는 것과 효성스럽다는 것은 다르지 않다는 말이에요.

다시 이야기로 돌아갑니다. 요임금이 아들들에게 순을 살펴보라고 일렀었지요. 아들들이 보니까 순이 의롭고 일도 잘해요. 능력이 있어 보입니다. 그래서 요임금에게 보고 들은 대로 보고했어요. 요임금은 그래도 순을 부르지 않았어요. 대신 칡껍질로 짠 베 한 필과 거문고, 소와 양을 하사하고 창고를 짓도록 허락했습니다.

순의 가족은 여전히 순을 미워했습니다. 그를 죽이려고 했어요. 마침 기회가 왔습니다. 하루는 순이 창고에 올라가 지붕을 손보고 있을 때였어요. 순의 아버지가 사다리를 치우고 창고에 불을 질렀어요. 다행히 순은 삿갓 두 개를 겨드랑이에 끼고 뛰어내려 목숨을 건졌습니다. 아버지는 다시 순에게 우물을 파게 했어요. 이번에는 순이 눈치를 챘어요. 그는 우물을 파면서 몸을 피할 수 있도록 우물 옆으로 동굴을 뚫었습니다. 순이 깊숙이 우물을 파고 내려가자 아버지 고수와 이복동생 상은 그가 빠져나오지 못하게 흙으로 우물을 메웠어요. 기가 찰 노릇이지요. 우물을 다 메우고 나자 상이 아버지에게 말했습니다.

'이건 제 아이디어였습니다. 아버지와 어머니는 소와 양과 창고를 차지하십시오. 저는 순의 두 아내와 거문고를 갖겠습니다.'

이복동생 상이 순의 방으로 가서 거문고를 타며 날이 저물기를 기다리고 있었어요. 그런데 순이 옷깃을 툴툴 털며 평소와 똑같은 표정으로 들어왔습니다. 상이 얼마나 놀랐겠어요. 말까지 더듬었지요.

'혀, 형이 죽은 줄 알고 기분이 울적해서 거문고를 타고 있었습니다.'

그러나 순은 정겹게 그를 대했고, 부모에게도 여느 때나 다름없이 효도를 다했습니다.

이 소식이 요임금의 귀에 들어갔어요. 요임금이 감았던 눈을 바르게 뜨고 곧 순을 조정으로 불러들이라고 명령을 내렸지요. 그리고 20년 동안 정사를 맡기고 8년 동안 자기 대신 나라를 다스리게 한 뒤 천자의 자리를 물려주었습니다."

김기남 멘토가 들려준 이 이야기에는 어떤 교훈이 담긴 것일까? 부모에게 효도하는 사람이 사회에서도 인맥을 잘 만든다는 의미인 것 같기는 한데 여전히 매치가 잘 안 되었다.

"이야기는 잘 들었습니다만, 그래도 여전히 의구심은 남습니다."

"하나씩 살펴봅시다. 순이 참 바보처럼 보이지 않았나요? 아무리 가족이라지만 그를 해치려고 했잖아요. 그런데도 효도를 했다는 것은 상식적으로 이해가 안 되지요."

김기남 멘토는 물로 입술을 축이며 잠시 뜸을 들였다.

"그런데 그 행동에 사람을 사귀는 데 필요한 덕목이 담겨 있습니다. 옛말에 '지극하다'라는 표현이 있습니다. '지극(至極)'이란 극한에 이른다는 말이지요. 쉽게 얘기하면 0.99999…와 흡사합니다. 1이 되기 위해 부단히 애를 쓰는 모습입니다. 그런데 사실 이 수는 1과 같아요. 3으로 나눠보면 쉽게 이해할 수 있습니다. 1을 3으로 나눈 수는 0.33333…입니다. 0.99999…를 3으로 나눈 값도 역시 0.33333…이지요.

우리는 지극한 효행이라는 말을 0.999999…의 관점에서 살펴볼 수 있어요. 만일 중간에 9가 멈추게 되면, 즉 0.999999999999에서 그치게 되면 이 수는 1보다 작습니다. 이 경우는 효가 아니지요. 1이 되기 위해서는, 즉 어떤 행동이 효가 되기 위해서는 9가 무한히 반복되어야 합니다. 어제 부모님께 안부 여쭙고, 용돈 드리고, 맛있는 거 사드리고, 여행 보내드렸습니다. 효도가 완성된 것일까요? 아닙니다. 오늘도 지속되어야 해요. 1에 도달하기 위해서는, 1이 되기 위해서는 계속 되풀이해야 해요."

그러면서 김기남 멘토는 다음과 같은 논어의 한 구절을 들려주었다.

"자하가 효에 대해서 묻자 공자께서 말씀하셨습니다. '색난(色難)이다.' 이때 '색'이란 안색을 말합니다. 얼굴색이지요. '난'은 어렵다는 말입니다. 안색을 살피기 어렵다는 뜻입니다. 물질적이고 육체적인 편안함으로 부모님을 봉양하는 것이 효의 전부가 아니라 부모님의 안색을 살펴서 행동해야 한다는 뜻입니다. 그런데 부모님의 마음은 완전히 흡족한 상태에 놓일 수 있을까요? 자식이 밖에 나가면 혹시나 무슨 일을 당하지 않을까 늘 노심초사하시는 게 우리 부모님 마음입니다. 자식이 나이가 몇이든 상관이 없습니다. 자나 깨나 마음은 어린 자식을 물가에 내놓은 어미마냥 늘 안절부절못합니다. 이를 안다면 어찌 맛난 음식 해드리고, 좋은 옷 입힌다고 효도가 끝이라고 할 수 있겠습니까?

흔히들 말합니다. '할 만큼은 했어! 그러니까 더 이상 나한테 뭐라고 하지 마!' 그러나 공자나 순임금의 얘기를 보면 그런 마음을 찾아볼 수 없습니다. 대신, 혹시 내게 무엇이 부족한 것은 아닌가 하고 자신을 살핍니다. 왜 아버지와 새어머니와 이복동생이 나를 죽이려고 할까, 내가 정성을 다해 그들을 섬기지 못했기 때문이다. 그렇게 마음을 먹은 사람이라면 어떻게 행동할까요? 그들이 나를 죽이려는 이유를 자기 자신에게서 찾아요. 그 사람 잘못이 아니라 내 잘못이라고 말해요.

일이 터지면 우리는 책임으로부터 벗어날 구멍을 찾느라 바빠집니다. 남을 탓합니다. 그러나 일을 책임진 사람이 '나 몰라라' 도망치면 어떻게 될까요? 여기에서 요임금의 생각을 읽을 수 있어요. 요임금은 천하를 다스리는 사람은 한없이 낮아져야 한다고 믿었습니다. 모든 일을 스스로 책임질 수 있는 사람이 세상을 다스릴 수 있다고 생각했지요. 그래서 순이 효행에 뛰어나고, 근검절약하고, 공평무사하다는 얘기에도 그를 데려다 쓰지 않았습니다. 그러나 순이 목숨의 위협을 받는 순간에도 부모형제를 탓하지 않고, 이를 자신의 잘못으로 돌렸다는 얘기를 듣고서야 비로소 그가 큰 인물임을 직감합니다."

"상대가 나를 싫어하는 이유를 나의 정성이 부족하기 때문이라고 생각해야 한다는 말씀이신가요?"

"제 말에 거부감을 느낄 수도 있어요. 하지만 잘 생각해 봐야 해요. 그런 거부감 때문에 혹시 사람들을 가려서 사귀는 것은 아닌지 말입니다. 인맥의 달인이 된다는 것은 사람을 가리지 않겠다는 뜻이에요. 내 입맛에 맞는 사람과만 사귀겠다, 나를 지지해주는 사람과만 사귀겠다 이렇게 해서는 절대 인맥이 늘지 않아요.

참, 오해하지 말아야 할 게 있어요. 내가 부족했구나 하는 생각과 내가 잘못했구나 하는 생각은 달라요. 부족하면 채우면 됩니다. 그런데 잘못했다고 느끼면 자신을 책망하게 됩니다. 인간관계에 잘잘못이 어디 있습니까? 세모와 동그라미가 만나면 서로 매칭이 안 되니까 삐거덕거리는 것은 당연하잖아요. 보통의 인간관계에서는 서로의 차이를 이해하고 서로 맞추도록 노력하라고 얘기하는데, 인맥이라는 차원에서는 서로 맞추는 문제가 아니라 적극적으로 내가 노력해야 할 문제로 인식하는 게 차이점입니다."

"자기 책임으로 돌린다는 말은 주인의식과도 비슷해 보입니다."

"그렇죠, 주인과 종업원의 가장 큰 차이는, 종업원은 시간 되면 일에서 손을 떼지만 주인은 시간에 구애받지 않고 일을 붙잡고 있어요. 자기 일이라고 느끼지요. 그런 맥락에서 요임금의 생각을 읽을 수 있어요. 요임금은 단순히 순과 사귀고 싶어서 그를 관찰한 게 아니라 세상에서 가장 큰 일, 즉 천하의 일을 맡기려고 그를 오랫동안 지켜본 것이죠. 인맥이란 일과 연관된 인간관계예요. 그래서 능력뿐 아니라 성품도 매우 중요합니다."

사람에 대한 거부감. 왠지 모르게 싫은 사람도 있기 마련이고, 왠지 모르게 끌리는 사람도 있기 마련이다. 이런 개인적인 취향은 인맥을 넓히는 데 방해가 된다. 그래서 인맥을 쌓는다는 말은, 나의 개인적 취향을 버려가는 과정과 같다.

05

인맥을 넓히는
가장 빠른 길

첫날 멘토링이 끝나갈 무렵 김기남 멘토는 마지막으로 한 가지 이야기를 더 들려주었다.

고 김대중 대통령의 오른팔이었던 박지원의 이야기였다. 그는 노무현 정권이 들어서자 대북 불법 송금 문제로 3년형을 받았다. 2008년 출감한 박지원은 이듬해 한 언론사와 인터뷰를 했다. 그때 기자가 인심이 변했다는 것을 언제 절실하게 느꼈냐고 물었다. 그가 입을 열었다.

"감옥에 있을 때 김기섭 전 안기부 기조실장을 만났습니다. 그 사람이 6공의 금융 황태자 이원조 씨와 나눈 얘기를 들려주었습니다.

김 전 실장이 자신이 몰락한 뒤 '알고 지내던 1만 명 중 1명이 찾아왔다.'고 하니까 이원조 씨가 '너는 인생 잘 살았다. 나는 10만 명 중에 1명'이라고 했다고 합니다."

김기남 멘토는 수년 전 기사에서 한 대목을 들춰내며 두 사람의 대화에 과연 인맥이 있는 것 같으냐고 내게 물었다. 그러면서 이렇게 덧붙였다.

"인간관계를 이해관계로 돌리는 것은 인맥이 아닙니다. 그것은 거래요 장사입니다."

요컨대 알고 지내던 1만 명 가운데 딱 1명을 빼고는 모두 장사꾼에 불과하다는 얘기이다.

사람들은 원원을 말하고, 전략을 논한다. 세상살이를 전쟁터에 비유하며 생존의 길을 모색하는 것이 우리의 당면과제라고 말한다. 눈 감으면 코 베어가고, 똥 싸는 아이 주저앉히는 일을 현실이라고 말한다. 그들의 눈에는 자연조차도 경쟁의 장이다. 소나무는 가지를 펼치고 잎을 떨어뜨려 주위에 다른 식물이 자라는 것을 방해한다. 침엽수는 활엽수와 다투고, 덩굴은 다른 나무의 줄기를 감고 오르며 성장을 방해한다. 그들의 눈에 자연은 '나만 살면 그만'이라는 본능이 속삭이는 곳이다. 그들은 그렇게 세상의 일면만을 보고 전부라고 외친다.

이런 곳에는 '내 탓'이라는 생각이 둥지를 틀 곳이 없다. 오직 자신의 이익 좌표만이 존재할 뿐 참된 인맥, 어려운 가운데도 흔들리지 않는 인맥은 찾기 힘들다.

멘토링을 마치고 헤어질 때, 김기남 멘토는 내게 〈논어〉를 읽어보라고 권했다. 그 책에서 일일삼성(一日三省)을 찾아보라고 했다. 서점에서 한 권 산 후 한 페이지씩 넘겨보다가 다음 구절을 보았다.

"증자가 말했다. 나는 하루에 세 차례 자신을 반성한다. 남을 위해 의견을 내는 데 마음을 다하였는가, 벗과 사귐에 있어 믿음을 다하였는가, 제대로 익히지 못한 것을 남에게 전하지 않았는가."

하루 세 번 자신을 반성했다는 증자의 이야기에서 나는 김기남 멘토가 들려준 많은 이야기들을 떠올렸다. 그가 말하는 인맥 넓히기의 비결은 어쩌면 '일일삼성'이라는 한마디로 압축되는지 모른다. 그리고 멘토가 누누이 강조했듯이 그곳에 이익은 없을지라도 최소한 인맥은 있다. 사람들은 세상의 짐을 자기 어깨에 짊어지고 헤쳐 가는 사람을 믿고 따르기 마련이다.

인맥 멘토 김기남은 '인맥'이라는 말을 좋아하지 않는다고 했다. 대신 그는 '동행'이라는 표현이 더 좋다고 했다. 함께 가는 것이지 누가 누구의 연줄이니 마니 하는 것은 이상하다는 얘기였다.

책을 들고 집으로 돌아가는 길, 정말 많은 생각들이 우성처럼 우수수 쏟아졌다. 내가 아는 인맥은 잘못되었다. 그런 마음으로는 인맥을 만들 수도 없고, 설령 만든다고 하더라도 관리할 수 없겠다는 생각이 들었다. 다시 제대로 해보자. 그런 생각 끝에 김기남 멘토의 말이 떠올랐다.

"2,999명이 되지 말고, 마지막 남은 그 한 명이 되세요. 그게 인맥을 넓히는 가장 빠른 길입니다."

인맥 멘토가
사람을 만나는 법

"어떻게 대화를 이끌어가야 할까요?"
"……말이 아닌 마음의 소리를 듣도록 노력해야 합니다."

01

잘 듣는 사람이
잘 사귀는 사람이다

　김기남 멘토와의 두 번째 만남을 기다리며 준비한 주제는 '대화'였다. 사람과의 만남에서 빠지지 않는 것이 대화인데, 나에게 대화만큼 어렵게 여겨지는 것도 없었기 때문이다. 대화를 잘하는 사람은 상대의 귀를 열게 하고, 상대로 하여금 호감을 느끼게 한다. 대화는 인간관계에서 반드시 필요한 기술이라고 생각했다.

　"지난 번 좋은 말씀 감사합니다. 인맥을 새롭게 보는 계기가 되었습니다. 오늘은 '대화'에 대해서 묻고 싶습니다. 저는 대화가 좀 힘든 편입니다. 에너지 소모도 크고, 진이 빠질 때도 있거든요. 멘토님은 어떤 식으로 대화를 이끌어가시나요?"

"대화, 참 중요한 주제입니다. 그런데 저는 말하기보다는 듣기가 더 중요하다고 생각해요."

"듣기가 더 중요하다…… 어떤 의미이신가요?"

"말을 잘하면 사람을 사귀는 데 도움은 되겠지만 말 잘하는 게 인간 관계의 본질은 아니라고 생각해요. 오히려 잘 듣는 게 중요해요. 잘 듣는 사람이 인간관계를 잘 맺어요. 예를 들면, 여자 친구가 평소에 갖고 싶다고 하는 게 있잖아요. 그런 얘기를 잘 들어두었다가 나중에 선물을 하면 여자 친구가 감동하겠지요? 그러면 애정이 더 깊어지고요."

"사소한 말 한마디도 놓치지 않으려고 노력해야 한다는 뜻인가요?"

"그렇지요, 노력할 필요가 있어요. 그런데 이때 들어야 할 것은 '말' 자체가 아니에요."

"말을 듣는 게 아니라고요? 그럼 무엇을 들어야 한다는 말씀이신가요?"

"마음의 소리를 들어야 해요."

"마음의 소리요? 혹시 보디랭귀지를 말씀하시는 건가요?"

"그건 눈으로 읽는 거지요. 반면 마음의 소리는 형태가 없어요. 그래도 들을 수 있습니다. 마음으로 들으면 돼요."

"마음으로 듣는다? 너무 어렵습니다."

"말은 귀로 들어요. 하지만 마음의 소리는 마음의 귀로 들어야 합니다. 이렇게 마음의 소리를 듣는 것을 경청이라고 해요. 귀만 기울인다고 다 경청이 아닙니다. 말 속에 숨은 진실, 말로 표현하지 못하는 진실을 듣는 방법이지요. 그래서 때로는 침묵의 소리도 들을 수 있습니다."

"혹시 속마음을 읽는 방법이라고 부를 수 있나요?"

"조금 달라요. 속마음은 상대가 감추려고 하는 것이에요. 하지만 경청은 상대가 미처 말하지 못하는, 말로 표현하지 못하는 그 마음을 듣는 거예요."

"그래도 잘 이해가 안 됩니다. 예를 들어 주시면 좋을 것 같은데요."

"혹시 〈침묵의 연설〉이라는 말을 들어보았나요?"

"글쎄요, 처음 듣습니다."

"2011년 1월로 기억돼요. 미국 애리조나 투산의 한 쇼핑센터에서 20대 백인 청년이 총격을 가한 일이 있었어요. 당시 사건으로 하원의원 가브리엘 기퍼즈는 머리에 총상을 입었고 그의 보좌관을 포함해서 총 6명이 죽었지요. 당일 발표된 사망자 명단을 보면 9살짜리 여자 아이도 포함되어 있었어요. 이름이 크리스티나였던 것으로 기억돼요.

그런데 이 아이는 미국인에게 상징적인 존재였어요. 9.11 테러 당일 태어났거든요. 그래서 〈9월 11일생 희망의 얼굴들〉이라는 책에 표지 인물로 등장한 적도 있었지요. 그런데 그 아이가 또 다시 테러에 의해 희생된 것이지요.

그로부터 4일 뒤 오바마 대통령은 희생자 추모 연설을 위해 강단에 올랐습니다.

'우리는 우리 아이들의 기대에 부응하는 나라를 만들기 위해 최선을 다해야 합니다.'

오바마 대통령은 이렇게 말문을 열었어요. 그런데 다음 말을 잇지 못하는 거예요. 대신 고개를 들어 먼 곳을 바라보았어요. 그 모습이 마치 '나는 그 아이가 희생될 때 무엇을 하고 있었나' 하고 자책하는 듯이 보였지요. 잠시 뒤 오바마는 관중을 바라보았어요. 감정을 추스르듯 숨을 길게 내쉬었지요. 그리고 원고로 시선을 돌려 다음 대목을 읽으려고 하다가 이번에는 입술을 깨물고 다시 청중 쪽으로 고개를 돌렸습니다. 사방은 쥐 죽은 듯 고요했지요. 그렇게 51초간의 정적이 이어졌습니다.

그런데 이 51초 사이에 마법이 일어납니다. 보통의 경우는 연설자가 아무 말도 하지 않으면 사고가 났나 보다 하고 웅성거리기 십상입니다. 그런데 오바마의 침묵은 청중을 숙연하게 만듭니다. 뭔가 전달되었기 때문이에요. 뭐가 전달되었을까요? 제가 보기에는, 사람들은 오바마의 마음에서 울려나오는 소리를 들었어요. 오바마가 '나의 잘못 때문입니다.' 하고 침묵으로 고백하는 말을 들었던 거예요."

문득 연말 TV 시상식이 떠올랐다. 수상자가 말을 잇지 못하고 눈시울을 붉히고 있으면 그 감정은 고스란히 전파를 타고 시청자에게 전달된다. 마음의 소리는 마음으로 듣는다.

감정은 전달되는 게 아니라 촉발되는 것

"조금 알 것 같습니다. 오바마가 느끼고 있던 감정이 침묵으로 전달되었다는 말씀이시죠? 그런데요, 여전히 마음이 전달되었다는 게 어떤 과정을 거쳐 이루어지는지 잘 모르겠습니다."

"우리는 언어 관습상 '주었다, 받았다'라고 하는데 이 말은 마음을 물건처럼 주고받을 수 있다는 뜻인가요? 아니지요. 느낌이든 마음이든 감정이든 눈에 보이지 않는 것을 주고받을 수는 없어요. 그 어떤 위대한 연설가도 자신이 느끼고 있는 감정을 사람들의 가슴에 직접 전달할 수는 없어요."

"네, 그게 사실이 아닐까 싶습니다."

"그럼, '마음이 전달되었다'는 말의 의미는 무엇일까요? 제가 생각하기에 감정은 전달되는 게 아니라 촉발되는 거예요. 상대가 이미 갖고 있는 그 마음을 툭 건드릴 뿐이라는 얘기입니다.

그런 관점에서 오바마는 탁월한 감정 촉발자입니다. 사람들이 느끼고 있던 감정을 잘 건드립니다. 그것도 침묵으로 말입니다.

저는 오바마가 아무 준비 없이 51초간 입을 다물고 있었다고 생각지 않아요. 정치인은 어떤 점에서 연예인과 비슷해요. 연예인은 배역에 맞게 의상을 입어요. 머리부터 발끝까지 완벽히 변신을 하지요. 정치인도 마찬가지예요. 자신이 전달하려는 어떤 메시지나 혹은 대중의 눈높이에 맞는 옷차림으로 갈아입고 그에 맞는 스피치를 준비해요. 어느 영화를 보니까 그런 대사가 나와요. '약간 스크레치가 있고, 조금 흙이 묻은 검정 구두를 신어야 표를 더 얻을 수 있다.' 정치인은 자신의 일거수일투족이 대중에게 노출되어 있다는 사실을 잘 알아요. 더구나 추모 연설이라면 국가 행사인데 즉흥적으로 그런 무대를 만들 수 있을까요? 어쨌든 오바마는 철저히 준비한 상태에서 〈침묵의 연설〉을 한 것으로 보입니다.

그런데 말입니다. 〈침묵의 연설〉에서 가장 중요한 포인트가 있어요. 준비는 열심히 했는데 잘 안 되면? 사람들이 무뚝뚝하게 듣고만 있다면? 그건 정말 사고지요. 그래서 사전에 대중의 마음이 어디로 향하고 있는지 알아야 해요. 대중의 마음이 지금 어떤 상태인지 정확히 파악하고 있어야 해요.

대중은 자기 마음을 잘 표현하지 못해요. 소수의 이익집단이 목소리를 높이는 것이지, 대중이 자신의 의견을 적극적으로 표출하는 경우는 매우 드물거든요. 당연히 정치인은 마음의 소리를 들을 줄 알아야 해요. 그런데 오바마는 그런 소리를 들은 것이죠. 그리고 보다 정확히 말하면 오바마는 자기가 할 얘기가 별로 없다는 사실을 알았어요. 그 사건의 의미는 너무나 명백했어요. 누구나 그 사건을 보면서 공분을 느끼고 있었습니다. 다만 그 공분 뒤에는 '나의 잘못'이라는 죄책감이 감춰져 있었어요. 아이가 죽어갈 때 나는 무엇을 하고 있었나? 내가 꿈꾸던 나라는 이런 나라였나? 사람들의 내면에 분명 그런 감정이 웅크리고 있었지요. 오바마는 그 마음을 자극하면 된다고 생각했을 거예요. 청중으로 하여금 그들의 마음에서 나오는 소리를 듣도록 하면 된다고 판단했어요. 단지 자신은 촉매 역할을 하면 되는 것이지요. 그래서 채택한 방법이 침묵이었다고 생각해요.

자, 오늘 궁금한 게 대화라고 했죠?

저도 사람들 만나면서 많은 대화를 하게 되는데요. 대화는 자기가 느끼고 있는 것, 자기가 하고 싶은 말을 하는 게 아니에요. 사람들의 귀를 즐겁게 하는 것도 아니죠. 상대의 마음속에 있는 진실에 귀를 기울이고, 그 진실에 공감하는 것이 대화예요."

02

있는 그대로
사람을 봐야 한다

"오바마 이야기가 매우 인상적입니다. 자기가 원하는 곳으로 대중을 이끌고 가는 것이 아니라 대중이 정말 원하는 것이 무엇인지 그 마음을 포착하여 잘 건드리는 게 중요하다는 사실 말입니다."

"내가 원하는 곳으로 상대를 이끄는 것, 이것을 설득이라고 하지요. 오바마가 쓴 방식은 설득은 아니었어요. 설득은 현재의 마음과 정반대로 나아가게 하는 거잖아요. 또한 설득은 자기 마음을 바꿀 준비가 되어 있는 사람에게 가능한 거지, 실제로 설득이 되는 경우는 매우 드물다고 보아야 해요. 반대로 상대가 원하는 것을 지지해 주고 격려해 주는 것은 상대적으로 쉽습니다. 그걸 다른 말로 동기부여라고 해요. 이미 움직일 준비가 되어 있는데 아직 동기부여가 안 돼서 못 움직이는 경우를 생각해보면 이해하기 쉬울 거예요.

어쨌든 동기부여를 하려면 사전에 상대가 뭘 원하는지 알아야 하잖아요? 그걸 알아내는 힘이 경청입니다. 경청을 하려면 귀를 기울여야 해요. 내가 진지하게 들어주면 상대는 자기 마음을 감추지 않아요. 반면 내가 약간 이상한 눈으로 쳐다본다, 삐딱한 자세로 듣는다, 그러면 상대방은 곧장 방어 자세를 취해요. 마음을 숨기거나 위장하지요. 그렇게 해서는 상대의 마음을 읽기가 어려워요. 왜 어떤 사람 앞에서는 자기 이야기를 술술 풀어놓게 되잖아요. 그때 이야기를 들어주는 그 사람이 경청을 잘하는 사람이라고 생각해요.

우리가 경청을 못하는 이유는 대화를 협상으로 여기기 때문이에요. 그래서 패를 꼭꼭 숨겨 놓아요. 네가 먼저 카드를 뒤집으면 다음에 내가 뒤집겠다, 그런 의도지요. 하지만 그렇게 하면 협상에서는 승리할 수 있을지 몰라도 마음을 알 수는 없어요. 진실하게 다가가야 해요. 당신이 어떤 말을 해도, 어떤 행동을 해도 나는 언제나 당신 편이다. 이런 느낌을 주는 게 중요해요. 그래야 상대가 마음을 열어요."

"마음을 열게 하는 게 중요하고, 그러려면 경청해야 된다는 뜻인데요. 경청에 대해서 조금 더 들어보고 싶습니다. 경청을 하려면 어떻게 해야 합니까?"

"음, 잘 보려면 눈앞을 가리면 안 되잖아요. 마찬가지로 잘 들으려면 편견이 없어야 해요."

"어떤 편견을 말씀하시는 거지요?"

"세간의 평가에 흔들리면 안 됩니다. 남들이 좋다고 하면 나도 좋고, 반대로 남들이 싫다고 하면 나도 싫고, 이런 생각을 갖게 되면 사람의 마음을 제대로 보지 못해요. 음, 교도소 수감자를 생각해 보세요. 어떠세요? 아무래도 조금은 선입견을 갖고 그들을 대하게 되잖아요?"

"편하게 대하기는 어려울 것 같습니다."

"그런데 아이들을 앉혀놓고 수감자들에게 인생 강의를 들려달라고 요청하면 재미있는 현상이 벌어집니다. 수감자들은 한결같이 '여러분 저처럼 죄 짓지 말고 사세요.' 하고 말해요. 그것도 떨리는 목소리로 말이지요. 그 전까지는 '재수 없게 걸렸네.' 하고 생각하던 사람들이 말입니다. 왜냐하면 아이들이 편견 없이 천진난만하게 듣기 때문이에요. 그 순진무구한 눈빛 앞에서 누가 거짓을 말하겠습니까? 반면 멸시하는 눈초리로 쳐다본다, 그러면 수감자들은 곧장 자존심을 세우고 위장막을 세웁니다. 마음을 닫아 버리지요. 어린아이들 앞에서 그들이 왜 진실해지는지 이해해야 해요. 선입견 없이 아이처럼 다가가면 어느 누구도 마음을 감추지 않아요. 이처럼 아이의 마음으로 듣는 것, 즉 선입견 없이 듣는 것이 경청이에요. 경청의 좋은 예가 관포지교가 아닐까 싶어요."

"관중과 포숙아의 그 관포지교 말씀이신가요?"

"네, 맞아요. 관중이라는 인물은 〈논어〉에도 등장할 만큼 후세에 많은 영향을 끼친 정치인이에요. 반면 포숙아는 관포지교에서만 언급될 뿐 다른 곳에서는 기록이 별로 없지요. 그런데 제가 주목하는 사람은 포숙아예요. 관중이 그런 말을 했어요. 나를 낳아준 것은 부모이지만 나를 알아봐 준 것은 포숙아라고. 포숙아가 없었다면 관중이라는 인물은 탄생할 수 없었어요. 사실 관중은 사람들한테 욕을 너무 많이 먹어서 아무도 그 사람하고 친하게 지내려고 하지 않았거든요. 하지만 포숙아는 사람들이 관중을 뭐라고 평가하는지에는 관심을 기울이지 않았어요. 그러니까 남들이 손가락질을 하는 관중과 평생 친구로 지낼 수 있었던 거지요.

젊은 시절 관중은 가난했어요. 그는 포숙아와 함께 장사를 했는데 수익을 거두면 종종 포숙아보다 많은 이익을 챙겼지요. 장사는 함께 해놓고 돈은 자기가 더 많이 가져가니까 사람들이 관중을 욕했지요. 관중은 또 벼슬길에 세 번 나아갔다가 세 번 모두 쫓겨났어요. 매번 직장에서 쫓겨나는 사람이 있으면 당연히 무능하다고 생각하겠지요? 하지만 포숙아는 사람들이 욕을 하든 뭐라든 신경 쓰지 않았어요. 대신 관중의 내면에서 꿈틀거리는 놀라운 재능이 언젠가는 꽃을 피울 것이라고 굳게 믿었습니다.

둘은 정치적인 소용돌이를 겪게 되면서 서로 다른 길을 걸어요. 당시 제나라 왕 양공은 포학한 정치로 악명이 높았습니다. 양공에게는 소백과 규라는 동생이 있었는데 관중은 공자 규를 따랐고, 포숙아는 공자 소백을 모셨어요. 그러다 제나라 왕 양공이 암살을 당했습니다. 왕의 자리가 비게 되자 공자 소백과 규 사이에 왕권 다툼이 벌어집니다. 이 대결은 포숙아가 모셨던 소백의 승리로 끝났고, 관중이 모셨던 규는 죽고 말았지요.

관중은 군주를 잃은 패장이었습니다. 관중과 함께 규를 따랐던 소홀은 스스로 목숨을 끊었습니다. 사람들은 소홀의 자결에 감동을 받았습니다. 모름지기 충신은 군주와 한 배를 탄 운명공동체이므로 군주가 죽으면 따라 죽어야 한다고 생각했지요. 반면 관중은? '뻔뻔하게도' 살아남아 있습니다. 관중은 감옥에 갇힌 채 치욕을 견디고 있었지요.

관중의 일생을 돌아보면 세상은 그의 편이 아니었습니다. 그에 대한 평가는 늘 나빴어요. 하지만 포숙아의 생각은 달랐어요.

포숙아는 관중이 더 많은 돈을 챙길 때도 그의 어려운 집안사정을 떠올렸습니다. '그의 집이 가난하니 나보다 더 가져가는 것은 당연하다.' 그가 벼슬길에서 세 번 떨어졌을 때도 아직 때를 만나지 못했기 때문이라고 여겼지요. 관중이 공자 규의 패배 이후 자결하지 않았을 때도, 포숙아는 그를 두둔했습니다. '천하에 공명을 떨치지 못함을 부끄러워하는 사람이 어찌 작은 일에 연연해서야 되겠느냐' 하고 생각했지요. 포숙아는 늘 관중의 편이었어요. 요즘 말로 '관중앓이'를 한 셈이지요. 세상 사람들이 뭐라고 욕을 퍼부어도 포숙아는 관중에 대한 믿음을 저버리지 않았습니다.

어쨌든 소백이 제나라 왕위에 오르자 포숙아를 재상에 앉히려고 했어요. 자신이 제나라 임금이 된 것은 포숙아의 공이라고 생각했지요. 그런데 포숙아는 기다렸다는 듯이 감옥에 갇혀 있던 관중을 추천했습니다. 사람들은 깜짝 놀랐습니다. 어제까지만 해도 서로 칼을 겨누었던 관중을 재상으로 쓰자고? 자기밖에 모르고 능력도 없는 그 사람을 쓰자고? 하지만 포숙아는 소백에게 관중만한 인물이 없다며 그를 추천합니다. 천하의 패자를 다투는 임금이라면 반드시 관중과 같은 인물이 필요하다고 강력히 주장했지요. 소백은 포숙아를 신임하고 있었어요. 포숙아가 다른 건 몰라도 사람 보는 눈이 정확하다는 사실은 알고 있었지요. 그래서 그의 말을 듣고 관중에게 재상 자리를 맡깁니다. 그리고 역사에 기록되어 있듯이 관중은 제나라를 당대 최강의 나라로 만듭니다.

자, 역사에는 가정이 없다고 하는데 만일 포숙아가 없었다면 관중이라는 인물이 탄생할 수 있었을까요?"

"절대 불가능한 일이겠지요."

"관중이 탄생할 수 있었던 이유를 딱 한 가지만 꼽아보라고 한다면 저는 포숙아의 편견 없는 안목 때문이라고 생각해요. 편견이 없으므로 관중이 하는 얘기를 있는 그대로 들을 수 있겠지요? 다른 사람이라면 '관중, 저 자가 지금 무슨 헛소리를 하는 거야?' 하고 말할 때도 포숙아는 관중의 말에 숨어 있는 진짜 마음을 듣습니다. 귀만 기울인다고 경청이 되는 것은 아니에요. 편견 없이 듣도록 노력해야 해요. 그래야 그 사람의 진심이 있는 그대로 보여요."

탈무드의 이야기가 떠올랐다. 어느 어여쁜 공주가 어느 현명한 랍비(선생이라는 뜻)의 못생긴 외모를 가리키며 이렇게 말했다. '뛰어난 지혜가 이처럼 못생긴 그릇에 담겨 있다니 참 우습네요.' 그러자 랍비가 좋은 술을 왜 투박한 항아리에 보관하는지 그 이유를 아느냐고 묻는다. 보이는 것이 전부는 아니고 내가 아는 것이 진실은 아니다. 잘 보려면 귀를 닫아야 하고, 잘 들으려면 눈을 감아야 한다.

03
부탁을 받았을 때가
인맥을 넓히는 기회

"편견 없이 듣는다…… 참 좋은 말씀입니다. 멘토님께서는 어떻게 하시는지 궁금합니다."

"편견을 가지고 있으면 아무래도 사람들의 겉모습이나 그의 사회적 위치 등을 따지게 돼요. 사람을 있는 그대로 보지 못하게 돼지요. 그러니까 더 편견 없이 보도록 노력하는 수밖에 없어요. 내게 도움이 된다 안된다 이런 걸 생각지 말고, 사람만 보도록 노력해야 해요. 그렇게 해야 두루두루 사귈 수 있어요.

한번은 알고 지내던 어느 식당 주인에게서 전화가 걸려 왔어요. 평상시와 달리 떨리는 목소리였습니다.

'본의 아니게 미성년자에게 술을 팔았습니다. 물론 나이가 어려보이면 신분증을 확인하죠. 그날도 한 명도 빠짐없이 다 확인했습니다. 그런데 나중에 합석한 친구가 한 살 어린 친구였어요.'

음식점 주인이 자초지종을 늘어놓았습니다. 그리고 제게 도움을 요청했습니다. 사실 이런 부탁을 받으면 참 난감하지요. 망설이게 됩니다. '연락드리겠다.'고만 하고 전화를 끊었어요.

방안에 앉아 있으려니 가슴이 답답합니다. 바람도 쐴 겸 잠시 거리로 나왔지요. 보도블록을 따라 큰 길까지 걸었어요. 그는 왜 주민증을 확인하지 않았을까? 공연히 탓도 해봅니다. 휴우, 한숨도 나오지요. 그렇게 20~30분쯤 걸었을까요. 마음이 차분해집니다. 더 이상 내게 득인지 실인지 그런 것을 따지지 않게 돼요. 그렇게 마음이 차분해질 때까지 산책을 했어요. 마음을 가라앉힌 뒤에 식당 사장의 입장에서 상황을 다시 복기합니다. 마음속으로 당시 상황을 그려보는 것입니다.

……피크 타임, 손님이 몰리는 가운데 9명의 젊은이가 문을 열고 우르르 들어선다. 앳돼 보이는 얼굴, 주민등록증을 요구한다. 전원 이상 무. 메뉴판 갖다 주고 물병과 컵을 내오고, 주문 받고 상 차리고 술병을 올린다. 잇따라 한 팀이 들어오고 주문을 채 받기 전 다시 한 팀이 들어온다. 세 명이 한 팀으로 들어서기도 하고 다섯 명이 떼

를 지어 들어오기도 한다. 그러다 보면 자리가 얼추 다 찬다. 화장실 가는 사람, '저기요!' 하고 종업원 부르는 사람, 끊이지 않는 담소와 부글부글 찌개에서 끓어오르는 수증기, 그리고 소주 잔 부딪치는 소리. 종업원들의 발걸음이 분주해진다. 나가는 손님 계산 도와드리고, 자리 정돈하고, 오는 손님 받는다. 문은 쉴 틈 없이 열렸다 닫혔다 반복되고, 오늘 몇 명이 다녀갔는지 세기도 힘들어질 무렵, 그 젊은이의 일행으로 보이는 한 친구가 들어선다. 얼핏 봐서는 있던 손님인지 지금 막 오는 손님인지 헷갈린다. 몸은 지치고 마음은 부산하다……

그러다 제복 차림의 두 남자가 들어온다. 경찰이다. 목례로 양해를 구하고 단속을 벌인다. 9명의 젊은이에게 다가선다. 아니, 나중에 온 친구까지 도합 10명이다. 경찰이 주민증을 요구한다. 그런데 그 마지막에 온 친구가 생일이 빨라서 한 살 일찍 학교에 진학한 미성년자였다. 9명이 10명이 되었는데 하필 나중에 온 그 젊은이가 단속에 걸렸다. 다음 날 경찰서에 불려갔다. 조서 사실을 구청에 보고하면 영업정지 2개월이 떨어질 거란다. 하늘이 노랗다……

그리고 그 사장이 집에 돌아와서 이 일을 어떻게 처리할지 고민하는 모습을 생각해 봅니다. 자기 힘으로는 안 되고, 그래서 주위에 자신을 도와줄 사람이 없는지 생각해 보죠. 그런데 떠오르는 사람이 없어요. 제가 그의 제일 친한 친구가 아닐 텐데도 마땅한 사람이 없으니까 부득불 제게 전화를 겁니다. 아마도 수화기를 들었다가 내려놓기를 수차례 반복했겠지요. 그리고 어렵게 말문을 열었을 것입니다.

……이렇게 생각해 보면 그 사람의 마음이 조금 보입니다.

'딱한 사람 같으니. 얼마나 속이 탔으면 나에게 전화를 걸었을까. 주위에 이런 문제를 의논할 사람이 한 명도 없는 걸까.'

그런 생각 끝에 힘이 되어주기로 마음을 먹었어요. 나마저 외면하면 안 되겠다는 생각이었습니다. 그래서 전화를 걸어 한번 알아보겠다고 했지요."

"미성년자에게 술을 팔았다면 도와줄 수 있는 방법이 없는 것 아닐까요?"

"저도 처음에는 방법이 없겠다고 생각했어요. 하지만 중요한 것은 도움이 되느냐, 아니냐가 아니에요. 누군가 의논할 사람이 있고, 내 편인 사람이 있다는 사실을 느끼도록 해주는 게 중요해요. 사람이 언제 망가집니까? 자기 편이 없을 때예요. 나를 지지해주는 사람이 아무도 없을 때 사람은 망가져요. 그래서 설령 안 될 것 같은 일이더라도 옆에서 지켜주는 것이 중요해요."

"그럼, 어떻게 도와주셨나요?"

"다음 날 아는 법조인에게 전화를 걸어 자초지종을 설명하고 마땅한 해결책이 없는지 물었어요. 그는 제게 한 가지 힌트를 주었어요.

미성년자인 그 친구가 술자리에 온 뒤로 새로 술을 시켰는지 아닌지 알아보라는 내용이었어요."

"그게 이번 사건에 중요한 단서였나 보네요."

"그 법조인이 말하길 바로 얼마 전에 법원에서 흥미로운 판결이 나왔다고 했어요. 나중에 합류한 사람이 미성년자라도, 그 미성년자가 합석을 한 뒤로 추가로 술을 시키지 않았다면, 즉 남아 있던 술만 마셨다면 청소년 주류 판매 행위로 볼 수 없다는 판결이 나왔다는 거예요. 만일 그것만 입증할 수 있다면 영업정지를 막을 수도 있다는 얘기였지요."

김기남 멘토는 곧장 음식집 주인에게 전화를 걸었다. 주인은 다행히 그 청소년의 전화번호를 갖고 있었다. 그리고 함께 자리를 했던 친구들에게도 일일이 전화를 걸어 미성년자가 합석한 이후로 술을 주문한 적이 없다는 사실을 확인했다. 그만 마시려고 했다기보다는 추가로 술을 주문할 시간도 없이 경찰 검문에 걸린 것이다. 어쨌든 술은 시키지 않았다. 운이 따랐다. 주인은 그들에게 진술서를 요청했다. 김기남 멘토는 음식점 주인에게 행정심판(행정처분으로 불이익을 당한 경우, 이를 법률적 판단에 의뢰하여 잘못을 바로 잡는 과정)과 집행정지 신청(행정처분을 유예하는 신청)을 진행하라고 했다. 다행히 음식집 주인이 제시한 증거가 인정을 받아서 행정처분은 취소되었다. 김기남 멘토는 그때를 떠올리며 이렇게 말했다.

"일이 잘 풀려 다행이었지만 사실 그건 운이 따랐기 때문이에요. 행정심판이 받아들여지는 경우는 매우 드물거든요."

"그 식당 사장님으로서는 참 고마웠을 것 같습니다. 사실 제가 멘토님 입장이었다면 쉽게 돕겠다고 하기는 어려웠을 것 같습니다. 제일도 바쁘고, 당장 제게 무슨 이익이 있는지도 잘 모르겠거든요. 하지만 상대의 지위고하를 따지지 않고 도움을 주는 것이 인맥을 넓히는 지름길인 것 같습니다."

"그렇지요. 조금 길게 보면 이런 크고 작은 도움이 쌓여서 인맥이 된다는 사실을 기억하면 좋을 것 같네요."

나 역시 가끔 난감한 부탁을 받을 때가 있다. 하지만 그때마다 바쁜 시간을 탓하며 거절했던 기억이 있다. 어쩌면 내 주위에 사람이 없는 이유는, 그 기회를 다 놓쳤기 때문인지 모른다. 김기남 멘토는 여기에 싣지 않은 여러 사례를 들려주었는데, 그는 그때마다 없는 시간을 쪼개서 남을 성실히 도와주었다.

04
10년 사귈 사람처럼
만나라

"지금까지 하신 말씀을 정리해 보면, 편견이 없다는 말은 이렇게 바꿔 말할 수 있을 것 같습니다. 옷차림을 보지 않는다, 지위를 보지 않는다, 외모를 보지 않는다, 대신 사람 자체를 본다."

"인간관계란 사람과 사람이 만나는 거예요. 사람 사이의 일이지요. 옷과 옷이 만나는 게 아닙니다. 옷을 벗고 만나야 해요. 그런데도 우리는 여전히 옷만 보고 있어요. 마음을 봐야 하는데 말입니다."

"마음을 본다는 게, 사람을 있는 그대로 본다는 게 참 어렵게 느껴집니다. 앞서 사람 마음은 변하는 게 인지상정이라고 하셨는데, 달리 말하면 어디로 튈지 모르는 럭비공 같다는 뜻이잖아요? 그런 마음은 어떻게 봐야 할까요?"

"사람의 마음을 본다는 말은 변하는 마음을 미리 알 수 있다는 뜻이 아니에요. 다만 그 사람이 그런 선택을 할 수밖에 없는 상황을 그려보는 것이에요. 그러면 그 마음이 조금은 이해가 되잖아요. 그리고 또 한 가지 중요한 것은, 물론 나는 변치 않도록 노력해야지만, 상대가 변치 않기를 기대하면 안 된다는 사실입니다. 나는 안 변했는데 너는 왜 그러냐고 따지면 안 돼요.

"아, 무슨 말씀인지 알겠습니다. 제가 자꾸 인맥을 예전 습관대로 생각하는 것 같습니다."

"하지만 그에 따르는 결과는 각자 몫이에요. 평범한 사람들처럼 자기 이익 따라 움직이면서 사람들에게 신망을 얻으려고 해서는 안 되죠. 신뢰를 얻으려면 오랫동안 자신이 어떤 사람인지 보여주어야 해요. 그렇게 굳건히 형성된 인간관계를 중국에서는 '관시(關係)'라고 불러요."

"'관시'라고 하면 좀 부정적인 어감이 드는데요."

"그럴 수도 있어요. 관시가 공정 거래를 막고 있다는 느낌을 줄 수 있지요. 하지만 사회생활을 하다 보면 객관적인 척도로 측정이 안 되는 게 있어요. 겉으로 보기에는 아무 하자가 없는 것 같지만 실제로 자기 이익을 위해 행동을 바꾸는 사람들이 있거든요. 자기 브랜드를 가꾸는 게 아니라 그때그때 이익 따라 움직이는 사람들이 있어요. 그런 사람과 함께 갈 수 있을까요? 세상일이라는 게 오르락내리락해요. 제아무리 삼성전자라고 해도 무조건 오르기만 하는 것은 아니거든요. 분명 내려갈 때도 있어요. 그런데 조금 힘들어졌다고 '나 못해' 하고 포기하면 함께 일을 도모할 수 없잖아요. 그런 관점에서 '관시'를 생각해야 해요.

2005년 중국에서 창업한 화장품 업체가 있어요. 카라카라라는 회사인데 28개 도시에 102개 가맹점을 구축할 만큼 크게 성장했지요. 우리나라 중소기업으로 중국에 100개가 넘는 가맹점을 보유한 곳은 카라카라가 유일하다고 합니다. 한번은 카라카라의 이춘우 대표가 매스컴에서 성공 비결을 말한 적이 있어요. 그는 중국에서의 사업 성공은 인맥이 결정한다는 말을 듣고 '7년 동안 수도권 중형 아파트 한 채 값'에 해당하는 돈을 쓰며 인맥 맺기에 힘을 썼어요. 그가 이렇게 말했어요.

'중국인들과 인맥을 형성하는 데엔 시간이 많이 필요하다. 모임에 초청받아 한두 번 나갔다고 해서 인맥이 만들어진다는 것은 어불성설이다. 오래 두고 보면서 모임에 해를 끼치지 않을지, 관계에 도움이 될지를 검증받아야 비로소 한 배를 타게 된다.'

제가 주목하는 말은 '오래 두고 본다'입니다. 이 말은 무슨 뜻이냐 하면 그의 겉모습이나 그가 하는 말, 그가 가진 재력 따위를 본다는 뜻이 아니에요. 대신 행동을 살핀다는 뜻입니다. 믿을 수 있는 사람인지, 도움을 주고받을 수 있는 사람인지 스스로 확신이 들 때까지 계속 관찰합니다.

물론 반대의 경우도 똑같이 적용돼요. 내가 이렇게 사람을 관찰하는데 남이라고 나를 다르게 볼 것은 아니잖아요. 그러니까 남의 시선이 의식되는데 어떻게 함부로 행동하겠습니까? 그만큼 말과 행동이 똑같은 사람이 되려고 애를 쓰게 됩니다. 자기가 내뱉은 말은 반드시 지키려고 노력하겠지요. 그만큼 신중하기 때문에 우리가 보기에는 조금 답답할 수도 있어요."

"문화적인 차이는 아닐까요? 우리나라 사람들은 술 한잔 마시면 친구가 되잖습니까?"

"쉽게 친구가 되고 쉽게 남남이 되지요. 물론 중국에 배신자나 사기꾼이 없다는 뜻은 아니에요. 다만 어느 나라든 위로 올라갈수록, 나이가 들수록 더더욱 신중해진다는 점을 잊으면 안 돼요. 만일 우리가 신중하기로 소문난 중국인을 상대로 그들의 마음을 얻어야 한다고 하면 어떻게 하시겠어요? '촌놈 마라톤 하듯'이라는 말이 있지요? 마라톤이 뭔지 모르는 사람들은 출발 신호가 울리면 죽어라고 뜁니다. 페이스 조절이 안 돼요. 금세 지쳐서 헉헉 대다가 쓰러집니다. 그렇게 해서는 끝까지 뛸 수 없어요. 인맥도 마찬가지예요. 장기간 펼쳐지는 레이스예요. 긴 호흡으로 천천히 뛰는 것이지, 숨 꾹 참고 뛰는 100미터 달리기가 아니에요. 초지일관의 자세가 필요해요.

사람은 자신이 가진 것만큼 세상을 봅니다. 주머니에 10만 원이 있는 사람은 하루밖에 못 봐요. 반면 주머니에 1억이 들어 있는 사람은 1000일 뒤를 보며 살지요.

마찬가지로 마음의 크기에 따라 인맥을 바라보는 관점도 달라져요. 마음이 협소한 사람은 사람을 한두 번의 만남으로 판단해요. 반면 마음이 넓은 사람은 5년, 10년이라는 단위로 사람을 바라봐요. 한 번 만나고 끝이다, 그러면 사실 잘해주고 싶은 마음이 잘 안 들어요. 하지만 5년, 10년 두고 사귈 사람이라고 생각하면 마음을 쓰는 게 다르겠지요?

사람을 만날 때는 그 인연이 어떻든 10년 사귈 사람으로 생각하고 만나는 게 중요해요. 길게 보고 만나면 사소한 오해 따위에 연연하지 않아요. 조금 더 긴 호흡으로 그 사람을 이해하려고 할 것이고, 나도 전혀 조급해지지 않을 거고요."

김기남 멘토는 아들과의 대화 한 토막을 꺼냈다. 하루는 고등학교에 다니는 아들이 상담을 요청해 왔다.

"친구가 저한테 잘못을 저질렀어요. 요즘 사이가 무척 서먹서먹해졌어요. 그런데 얘가 도통 사과할 생각을 안 하는 거예요."

자초지종을 들은 김기남 멘토는, 그러나 그에 대해서는 시시비비를 가리지 않았다. 대신 이런 말을 들려주었다.

"5년쯤 지나면 그 일이 어떤 의미가 있겠니?"

"글쎄요, 가끔은 그때 일이 생각날 것 같기도 해요."

"그럼, 한 10년쯤 지나면 어떨 것 같으니?"

"그 정도 되면 잊히겠죠."

"그럼, 네가 사과하렴."

"네? 제가 잘못한 것도 아닌데 제가 왜 사과해요?"

"이렇게 생각해 보자. 경우에 따라서는 말 주변이 없어서 제대로 표현을 못하는 사람도 있지 않을까. 혹은 타이밍을 놓쳐서 사과하기가 어색해진 것은 아닐까. 아빠가 생각하기에 그 애가 네 친구라면 최소한 마음이 편하지는 않을 거야. 그때 네가 먼저 사과를 하면 그 친구가 어떻게 생각하겠니?"

지금 이 순간에는 자존심이 걸린 문제여도 5년, 10년이라는 시간을 두고 보면 사소한 일이 된다. 바다에 떨어뜨린 물 한 방울이 된다. 길게 보면 순간순간의 굴곡은 아무 의미가 없다. 중요한 것은 길고 긴 시간의 흐름에서 조금씩 나아지고 있으면 된다는 점이다.

김기남 멘토는 이렇게 말한다. '오래 사귀다 보면 여러 상황을 함께 격게 되고, 그때 그 사람이 어떻게 행동하는지 알게 됩니다. 그렇게 해서 조금씩 알아가는 것이고, 그렇게 해서

친구가 되어가는 것이죠.' 오늘 하루의 만남이 전부가 아니
다. 10년 뒤를 생각하자.

05

외로우니까
만나는 것이다

"제가 지금까지 생각해온 인맥은 너무 근시안적이지 않았나 싶습니다."

"눈앞의 이익 때문에 인맥을 소홀히 하는 사람들이 많죠. 조금 더 길게 보도록 노력해야 해요."

"하지만 인생 경험이 없어서 그런지 자꾸 이익과 인맥을 저울질하는 것 같습니다. 좀 더 나은 방법은 없을까요? 이익도 남기고, 사람도 남기는 그런 방법이요."

"생각해 보면 인맥을 넓히려는 이유도 결국은 자기 이익 때문인 경우가 많지요. 그게 인맥의 본질은 아니어도 우리가 인맥을 넓히려는 가장 큰 이유 중 하나잖아요. 그런데 이익이라는 것은 엄밀히 말하면 결과물이지 목적은 아닙니다. 예컨대 발명가의 꿈은 발명이지 명성이나 부가 아니잖아요. 돈이나 명성은 단지 결과일 뿐이지요. 인맥도 그런 관점에서 볼 필요가 있을 것 같아요.

본래의 목적을 놓고 본다면 사람을 사귀면서 이익을 따지는 것은 잘못이라고 생각해요.

〈맹자〉 첫머리에 맹자와 양혜왕의 대화가 나옵니다. 맹자가 찾아오자 양혜왕이 이렇게 말해요.

'그대는 우리에게 어떤 이익을 주려고 하십니까?'

공자가 활동했던 춘추시대가 막을 내리고, 툭하면 전쟁이 벌어지던 '전국(戰國)시대'가 열렸습니다. 당시는 자고 일어나면 편이 갈리고 전쟁이 벌어져서 하루도 조용할 날이 없던 암흑의 시대였어요. 그러니 각국에서는 인재 찾기에 혈안이 되어 있었지요. 난다 긴다 하는 당시의 인재들이 왕을 찾아다니며 유세를 합니다. '나 이런 사람이요, 당신의 나라에 이런 도움이 되고자 찾아왔소, 나를 쓰시오' 하던 시대지요. 양혜왕도 맹자라는 사람이 찾아왔으니 당연히 그런 것을 물은 것입니다. 그런데 맹자가 하는 말이 뜻밖입니다.

'왕께서는 어찌 이익을 말씀하십니까?'

물론 맹자가 인맥 이야기를 하는 것은 아닙니다. 그러나 모든 것을 '이익'의 관점에서 바라보는 것을 경계하고 있지요. 인맥도 마찬가지예요. 인맥을 100% 이익의 관점으로 바라보면 반드시 막히는 부분이 생겨요. 반대로 생각해 보세요. 상대가 꿍꿍이속으로 나를 만난다면 기분이 어떻겠습니까?"

"그렇게 질문하시니까 말문이 막힙니다. 제 생각이 짧았습니다. 그렇다면 인맥을 넓히는 목적은 무엇인가요?"

"그래요, 우리는 그런 질문을 던져야 해요. 시작은 설령 사회생활에서 필요한 게 인맥이라서 인맥 넓히기에 관심을 갖게 되었더라도 '인맥'이 무엇인지, '인맥의 본질'이 무엇인지 한번은 생각해 보아야 해요. 제가 생각하는 인맥의 본질이란 동행이에요."

"동행이요? 함께 간다는 뜻인가요?"

"그렇지요. 함께 간다는 뜻입니다. 이 말에는 조건이 없어요. 무엇을 하기 위해 함께 간다가 아니라, 그저 함께 간다예요. 멀리 가기 위해 함께 간다? 요즘 그런 책이 있는 것으로 알고 있는데 이것 역시 조건을 건 것이지요. 조건은 필요 없어요. 그저 함께 간다는 것이 중요해요.

사람은 참 나약한 존재예요. 저 역시 힘없고 가냘픈 사람에 불과합니다. 혼자 있으면 외롭고 쓸쓸해지지요. 이때 친구와 함께 있으면 어떤가요? 옆에 있는 것만으로도 마음이 채워져요. 그게 좋아서 친구를 만나는 거잖아요. 우리가 친구와 술잔을 기울이는 것은, 술을 마시기 위해서가 아니라 사람을 마시기 위해서 아닙니까? 친구가 많으면 내 부족한 마음이 가득 채워집니다. 내 삶이 풍요로워집니다.

마음이 부자가 됩니다. 그 외에는 다른 어떤 이유가 필요 없습니다. 힘들어서 친구가 필요하다? 힘든 건 나 혼자 감당하면 돼요. 그러나 외로운 건 달라요. 그건 혼자라서 생기는 문제인데 어떻게 혼자 감당합니까? 이 때 마음을 나눌 친구가 필요해요. 그저 함께 있어줄 사람이 필요해요. 그게 사람을 사귀는 유일한 목적입니다."

"'외로우니까 사람이다'라고 어느 시인이 그러던데 그런 맥락이신가요?"

"그렇죠, 사람은 모두 외로운 존재예요. 돈이 없는 사람이 외로운 사람이고, 돈이 많은 사람이 안 외로운 사람이고 그런 건 아니겠지요? 돈이 있건 없건, 지위가 높건 낮건 사람은 본래 외로워요. 서로 외롭다는 것을 아니까 만나는 게 좋은 거지요. 그런데 돈이 있거나 지위가 높으면 다른 사람의 마음이 잘 안 보일 수가 있어요. 자기보다 돈이 적거나 지위가 낮거나 그러면 사람을 깔보게 되는 경향이 있는 것 같아요. 돈이라는 색안경, 지위라는 색안경으로 세상을 보기 때문이에요. 그런 마음으로는 사람이 보이지 않아요. 도리어 그럴 바에는 돈이 부족하고, 지위가 없는 게 나을 수도 있어요. 그런 마음일 때 상대의 힘들고 어려운 점을 헤아리게 되니까요."

"상대의 힘들고 어려운 점을 헤아린다는 말이 앞서 말씀하신 경청이 아닐까 싶습니다."

"그렇죠, 그게 경청이에요. 다만 경청을 하려면 그가 느끼고 있는 어려움을 나도 똑같이 느끼고 있어야 해요. 예전에 있었던 일이에요. 경기가 한참 안 좋았을 때 코미디언 주병진 씨가 강남에서 한 번, 강북에서 한 번 거지 체험을 한 적이 있어요. 어디서 더 많이 구걸했을까요? 돈 많은 강남? 아닙니다. 강남보다 못사는 강북이었어요. 왜 강북에서 더 많이 구걸했을까요?"

"글쎄요? 더 졸라맬 허리띠도 없었을 텐데요."

"그들은 자기가 힘드니까 남이 힘든 것을 아는 거예요. 상대의 마음을 헤아리는 것도 마찬가지입니다. 남과 소통하고 싶다, 남의 마음을 이해하고 싶다, 그러면 어떻게 해야 될까요? 내 아픔으로 상대의 아픔을 보아야 해요. 내가 아프니까 남이 아픈 것을 안다는 말이에요. 마음의 소리를 듣는 방법에 대해서 물으셨지요? 내가 아파하는 그 마음으로 상대의 아픔을 듣는 게 유일한 방법입니다."

"아프냐? 나도 아프다." 몇 년 전 인기를 끌었던 드라마 〈다모〉에 나온 대사이다. 한편 살인마 유영철의 심리를 분석한 기사를 보면서 종종 이런 문구가 등장했다. '그는 타인의 고통이나 감정을 헤아리는 능력이 부족했다.' 김기남 멘토의 이야기는 이 차이를 말하는 것이리라.

서른 살의 인맥 넓히기 ①
함께 일하고 싶은 사람이 되라

"인맥을 넓히는 좋은 방법이 없을까요?"
"함께 일하고 싶은 사람이 되어 보세요."

01

치열한 생존 경쟁의 장에서 사람을 어떻게 만날 것인가

김기남 멘토와의 두 번째 만남 뒤 며칠 동안은 그 말의 향취에 빠져 내가 흡사 '인맥의 달인'이 된 듯한 착각 속에 살았다. 하지만 고무줄이 원래 자리로 돌아가듯, 물감이 빗물에 빠져나가듯 며칠 뒤 나는 예전의 나로 돌아왔다.

세상의 많은 좋은 이야기들이 다 내 것으로 흡수될 수 있다면 그 얼마나 좋겠는가. 듣는 순간, 읽는 순간 내가 바뀔 수 있다면 얼마나 좋겠는가. 일상의 중력은 너무 강력하여 나는 다시 바닥으로 끌어내려졌다.

그 사이 멘토를 만나기로 한 날이 다가오고 있었다. 부담감이 커졌다. 이번에는 어떤 질문을 던져야 할지 감도 오지 않았다. 일이 바빠서 그랬다는 변명은 싫었다. 약속 하루 전, 시간을 내서 그간의 이야기를 복습하고, 내 나름대로 생각을 정리하기로 마음먹었다.

나는 먼저 내가 느끼고 있는 감정을 정리할 필요를 느꼈다. 내가 생각하기에 이 세상은 예측하기 어렵고, 이기적이었다. 사람들은 그 혼란 속에서 생존하기 위해 자기 마음을 은폐한다. 동시에 상대의 마음을 읽기 위해 애를 쓴다. 잘못된 선택을 하지 않기 위해 상대가 움직이는 패턴을 찾으려고 한다.

……그렇다, 규칙, 사람에게는 '규칙'을 찾으려는 마음이 있는 것 같다.

노벨화학상 수상자인 일리야 프리고진은 겉보기에 혼란스런 현상도 그 속에는 숨겨진 질서가 있다는 내용의 '혼돈(카오스chaos) 이론'을 발표했다. 혼돈 이론은 이후 복잡계 과학이라는 이름으로 발전하며 우리 주위에서 벌어지는 난해한 현상 뒤에 숨어 있는 규칙을 찾는데 도움을 주고 있다.

도박사들도 규칙을 찾기 위해 노력한다. 기본적으로 그들은 확률에 의존하여 게임에 임하지만 확률만으로는 한계가 있다는 사실을 안다. 그래서 상대의 보디랭귀지 속에 숨어 있는 규칙을 파악하기 위해 노력한다. 세계 포커대회 우승자 이태혁은 이렇게 말한다.

"작은 형태의 단서들이 합쳐져서 만들어진 큰 증거로 결과를 예측

하는 게 포커입니다. CNN방송을 틀어놓고 훈련을 했어요. 진행자의 입 모양과 표정을 보면서 어떤 뉴스를 전달하고 싶은지, 뭘 표현하고 싶은지 알아맞히는 겁니다. 사물과 풍경을 눈에 저장하는 기술도 익혔고요. 테이블에 놓인 카드와 컵, 사람들의 모습을 눈으로 한 번에 찍어 단시간에 기억하는 훈련이죠. 주로 심리연구를 많이 했어요. 사람의 표정과 동작을 보면서 성격과 패턴을 파악하는 거죠. 저 사람은 카드 칠 때 수비적일까, 공격적일까."

궁예의 관심법처럼 보이지 않는 마음을 읽는 것이 아니라 규칙적으로 반복되는 행동을 통해 상대의 심리를 파악한다. 물론 상대 역시 자신의 행동이 누군가에게 읽히고 있다는 사실을 잘 안다. 그래서 행동을 위장한다. 전문 도박사끼리의 대결은 자신의 의도를 감추면서 상대의 의도를 파악하는 심리 게임으로 바뀐다.

1992년 〈포커 명예의 전당〉에 당당히 이름을 올린 아말릴로 슬림의 이야기는 그 가운데 백미이다. 그는 세계 포커선수권 대회를 4차례 석권한 당대 최고의 도박사였다. 한번은 그가 포커 대회에서 우승을 거머쥔 적이 있었다. 기쁨을 만끽하고 있던 순간, 관중석의 한 남자가 아말릴로 슬림에게 내기를 제안한다. 그런데 종목이 포커가 아니라 탁구였다. 판돈은 수십 만 달러로 군침을 돌게 하는 액수였지만 불행히도 아마릴로 슬림은 탁구 선수가 아니었고, 내기를 제안한 사람은 탁수 선수였다.

누가 보더라도 승부가 되지 않는 내기였다. 그런데 뜻밖에도 아말릴로는 내기에 응했다. 단 탁구채는 자신이 쓰는 것과 똑같은 것이어야 한다는 조건을 걸었다. 상대는 망설이는 기색도 없이 조건을 수락했다. 설령 어떤 탁구채를 쓰더라도 자신은 탁수 선수이기 때문에 질 수 없다고 생각했다. 그날 이후로 아말릴로는 열심히 훈련에 매진했다. 어느덧 약속했던 시합 날짜가 임박했다. 시합장에 나타난 아말릴로는 가방에서 유리병 두 개를 꺼냈다. 그게 탁구채였다. 게임은 싱겁게 끝났다. 아말릴로는 유리병이 손에 익을 때까지 연습을 한 상태였고, 상대는 비록 탁구 선수였지만 난생처음 손에 쥐어보는 유리병 탁구채가 어색하기만 했다.

상대가 내 의도를 알아차리지 못하게 만든 것, 그것이 아말릴로 슬림이 내기에서 승리한 이유였다.

내가 생각하는 이 세상은 별로 아름답지 않다. 정의롭지도 않고, 공정하지도 않다. 겉보기에 화기애애해도 그 뒷면에는 의심이 난무하고, 감추는 게 많다. 생존 경쟁에서 살아남아야 하기 때문이다. 과정은 중요하지 않다. 결과만이 전부이며, 그래서 살아남은 자가 강한 자가 되는 세상이다. 그런 세상에서 인간관계는 어떤 모습을 가져야 하는 것일까?

그런 생각 끝에 인맥 멘토의 모습이 떠올랐다. 그분이라면 이런 생각을 어떻게 받아들이실까?

나는 '혼란과 생존 경쟁 속의 인간관계'를 세 번째 만남의 주제로 정하고 다시 멘토를 뵈러 갔다.

02

비즈니스는
포커 게임이 아니다

"휴우, 조금 혼란스럽습니다. 방법론을 배울 때는 적용하는 문제를 고민하면 되는데 멘토님께 배우는 것은 너무 낯선 이야기들이라서 제가 잘 못 받아들이는 것 같습니다."

"어떤 게 그렇게 혼란스럽던가요?"

"제가 생각하는 세상이란 사실 생존 경쟁이 벌어지는 치열한 곳이거든요. 그리고 사람들의 마음은 매우 복잡하고 알기도 어려워요. 그런데 멘토님께서는 마음으로 교우하라고 말씀하시니까 제가 둘 사이에서 갈등하는 것 같습니다."

"음, 무슨 뜻인지 알 것 같아요. 사실 제가 들려드리는 얘기는 20년의 시간이 담겨 있기 때문에 받아들이기 어려울 수도 있어요. 하지만 5년, 10년은 금방 지나거든요. 그 5년, 10년 뒤에는 분명 저와 비슷한 생각들을 하게 될 거예요. 돌이켜 보세요. 스무 살 때는 지금처럼 생각하지 못했잖아요. 마찬가지로 마흔 되고 쉰 되면 세상 보는 눈이 달라져요. 지금의 인식 그대로 마흔, 쉰이 되는 게 아니라 달라진 생각으로 마흔, 쉰이 되는 거지요. 그런데 그 사이 아무런 준비가 되어 있지 않다면 어떻게 될까요? 때늦은 후회라고 하지요? 생각은 달라졌지만 주위에 아무도 없을지 몰라요. 생존만을 위해 살아왔다면 말입니다. 그래서 많은 사람들이 나중에 후회하는 거예요. 나는 그동안 친구 한 명 안 사귀고 무엇을 했을까? 하고 말이지요. 지금 당장 다 가질 수는 없더라도 준비하려는 그 자세만으로도 충분하다고 생각해요. 그러면 자연히 인맥을 넓혀갈 수 있지 않을까 싶습니다."

"지금 너무 속단하지 말라는 말씀이시네요. 제가 늘 보는 눈이 짧은 것 같습니다. 아직 마흔이라는 나이를 살아보지 못했기 때문일 수도 있겠지요. 말이 나온 김에 조금 더 여쭤보겠습니다. 정말 이 생존 경쟁의 시대에 사람을 어떻게 만나야 합니까? 불과 얼마 전까지는 제 개인의 능력으로 못할 일은 없다고 여기던 시절이 있었습니다. 그러나 지금은 혼자 힘으로는 안 된다는 사실을 절실히 느끼거든요. 아마 그런 생각 때문에 저 사람이 함께 일할 사람인지 아닌지 파악하는 게 중요해진 것 같아요."

"그런데 사람의 마음을 알아서 무엇을 하려는 것이죠?"

"생각해 본 적은 없는데요, 상대가 어떤 의도를 가지고 있는지 알아야 제가 대응할 수 있는 경우가 있잖아요."

"음, 저는 해본 적이 없습니다만, 포커를 생각해 보세요. 사람들은 다들 자기 패를 감춰요. 좋은 패를 든 사람은 안 좋은 패를 들고 있는 척 행동하고, 나쁜 패를 들고 있는 사람은 좋은 패를 들고 있는 척 행동하지요. 그리고 이를 역으로 활용해서 좋은 패를 들고 있으면서 좋은 패를 들고 있는 척하기도 하고, 나쁜 패를 들고 있으면서 나쁜 패를 들고 있는 척 행동하기도 해요. 경우의 수는 매우 복잡해지지요. 다들 속이려고 해요. 세상도 비슷한 부분이 있어요. 많은 사람들이 자기 패를 감춰요. 드러내지 않지요. 그리고 포커가 진행될 때마다 순간순간 전략이 바뀌어요. 판이 진행되면서 마음은 수시로 바뀌지요. 계속 이익의 좌표를 옮겨가면서 속으로 계산기를 두드립니다."

"제가 궁금했던 점이 그런 겁니다. 다들 마음을 감추려고 하는데 어떻게 마음으로 다가가야 하는지 그게 궁금했습니다."

"그런데 그런 갈등이 벌어지는 이유는 비즈니스를 포커 게임과 똑같이 생각하기 때문이에요."

"예?"

"상대의 패를 읽는 게 중요하고, 누가 더 이익을 거두는지를 따진다고 하면 결국 한 명은 승자가 되고, 한 명은 패자가 되잖아요? 그런데 그게 비즈니스인가요? 비즈니스는 양쪽이 모두 이익이 될 때 성립해요."

"경쟁 관계가 아닌 윈윈 관계를 말씀하시는 건가요?"

"그렇죠, 비즈니스는 본질적으로 손해가 아닌 이익에 주목해요. 그래야 일이 진행되지요. 그게 비즈니스잖아요. 그럼, 생각해 보세요. 이익의 좌표는 상황 따라 바뀔 수 있지만 전체적으로 양쪽에 이익이 된다는 점을 믿고 함께 일할 수 있는 사람인지 파악하는 게 더 중요하지 않을까요? 실제로 회사에서 높은 자리로 올라갈수록 함께 일할 수 있는 사람을 찾으려는 경향이 커집니다. 비즈니스 사회에서의 인맥 넓히기는 그런 관점에서 바라봐야 해요."

"듣고 보니 그렇습니다."

"따라서 비즈니스라는 점을 염두에 둔다면 사람을 관찰하는 목적도 바뀌어야 해요. 사람의 마음을 읽는 이유는, 나쁜 점을 찾기 위해서가 아니라 좋은 점을 찾기 위해서예요. 왜냐하면 인재는 드물기 때문이지요. 나쁜 점은 찾기 시작하면 한도 끝도 없어요. 반면 좋은 점은 드뭅니다. 그래서 찾으려고 노력해야 한다는 뜻이에요."

"아, 이제 무슨 말씀인지 알겠습니다. 상대를 이기기 위한 심리 게임이 아니라 함께 일을 하기 위한 인재 찾기에 관심을 기울여야 한다는 말씀이시네요."

"정주영 전 현대 회장의 이야기는 그런 점에서 기억할 만합니다.

당시 정주영 전 회장을 고용하고 있던 쌀가게 주인은 혈육도 아닌 젊은 정주영에게 쌀가게를 넘겼는데 그 주인이 정주영에게 가게를 넘긴 이유도 좋은 점을 발견했기 때문이에요."

"자세히 듣고 싶습니다."

"정주영 전 현대 회장이 네 번째 상경에서 취직한 곳이 쌀가게였어요. 당시 정주영 회장의 나이는 20대 초반이었지요. 그는 꾀를 피우지 않았습니다. 새벽 4시에 일어나서 가게 앞을 깨끗이 쓸고 물도 뿌리며 하루를 시작했어요. 쌀가마를 배달하기 위해 넘어지고 깨지면서 자전거를 익혔고, 어깨 너머로 배운 부기로 장부를 깔끔히 정리했지요. 일과를 마치면 책을 읽었어요. 한시도 노는 법이 없었지요. 또 한 번도 투덜거린 적이 없었습니다. 당연히 가게 주인 눈에 띌 수밖에 없지요. 주위에서도 정주영 칭찬이 자자했어요. 집사람과 딸도 좋게 보았지요. 정주영이라는 사람의 이미지는 그렇게 형성되었어요. 그리고 자연스럽게 가게 주인은 정주영을 믿음직스런 사람으로 여기게 되었습니다.

그런데 쌀가게 주인에게는 게으르고 놀기 좋아하는 아들이 있었어요. 아들은 주색에 빠져 살았고, 만주로 노름을 하러 다녔습니다. 그리고 기어이 아들이 진 빚 때문에 아버지는 가게를 내놓게 되었어요. 하루는 정주영을 불렀어요.

'자네가 우리 가게를 인수하게. 부족한 돈은 벌어서 갚아도 좋네.'

사실 당장 돈이 필요하다면 정주영에게 팔아서는 안 되었어요. 정주영에게는 쌀가게를 살 만한 돈이 없었거든요. 그런데도 쌀가게 주인은 선뜻 정주영에게 가게를 팔아요. 나중에 벌어서 갚으라고 하면서요. 이렇게 선뜻 팔 수 있었던 이유는, 이 사람이라면 가게를 잘 꾸려 가리라고 믿었기 때문이에요.

　이런 믿음을 아무에게나 줄 수 있나요? 그가 돌연 다른 사람에게 가게 팔고 그 돈 들고 잠적하면 어떻게 하나요? 그런 일은 얼마든지 벌어질 수 있거든요. 하지만 쌀가게 주인은 오랫동안 관찰해온 자신의 눈을 믿었어요. 되풀이해서 반복적으로 확인해온 것이었지요. 사실 우리가 자꾸 테스트하거나 주의 깊게 보는 사람은 함께 일하고 싶은 사람이에요."

　"반대로 생각해 보면 제 입장에서 인맥을 넓히는 좋은 방법은 사람을 자꾸 만나는 게 아니라 제가 성실히 일하는 모습을 보여주는 것일 수도 있겠네요?"

　"맞아요, 저 역시 그랬으니까. 사람이야 일하다 보면 얼마나 많이 만납니까? 대부분 일과 연관되어서 사람을 만나게 되잖아요. 그때가 중요한 시점이에요. 우리는 의심스러운 사람을 예의주시하지 않아요. 그들을 지켜보는 사람은 형사나 경찰이겠지요. 반면 비즈니스 사회에서는 자기가 쓸 만한 사람을 찾는 데 주력해요. 그런 사람을 계속 지켜보는 것이죠. 자연히 일을 잘한다는 소문이 나면 사람이 찾

아오게 되는 거예요. 아직 삼십 대잖아요? 그렇다면 지금은 함께 일
하고 싶은 사람이 되는 게 인맥을 넓히는 가장 좋은 방법이에요."

돈도 없고, 권력도 없고, 인지도도 없을 때 인맥을 넓힐 수 있
는 방법은 무엇일까? 비로소 힌트를 얻은 듯한 느낌이었다.
엉뚱한 데서 답을 찾은 것인지도 모른다. 답은 '함께 일하고
싶은 사람이 되라'였다.

03

천천히 가되,
반드시 간다

이 시점에서 나는 김기남 멘토가 어떻게 일을 해왔는지 궁금해졌다. 일을 통해 사람을 만나고, 그렇게 만난 사람들을 자기 인맥으로 만들었다면 멘토가 일해 온 과정에 노하우가 있을지 모른다고 생각했기 때문이다.

"멘토님의 과거가 궁금합니다. 어떻게 일해 오셨나요?"

김기남 멘토는 잠시 생각하는 듯하더니 이리 와 보라며 자신의 컴퓨터로 자리를 옮겼다. 그리고 인터넷 창을 띄우고 자신의 블로그를 보여주었다. 야후 사이트에 개설된 그의 블로그 명은 '행복한 동행'이었다. 내가 인맥이라고 부르는 그것을, 멘토는 '동행'이라고 부르고 있었다.

멘토는 블로그 순위를 가리켰다. 6,777위였다.

"제가 블로그를 처음 시작한 날은 2009년 2월 10일이었어요. 처음에는 순위가 있는 줄도 몰랐지요. 직원 교육을 위해, 사람들과 친분을 나누기 위해 만들었으니 뭐가 있는 줄 어떻게 알았겠습니까. 그런데 하다 보니까 순위가 바뀌었어요. 처음 확인했을 때는 150만 등이었지요. 매일 하나씩 글을 올렸어요. 그러자 곧 120만 등까지 올랐지요. 한 번 오르기 시작하니까 계속 올랐습니다. 80만 등, 70만 등, 50만 등까지 상승해요. 그리고 1일 방문자가 500명쯤 되니까 순위가 30만 등까지 뛰었어요. 그 무렵 전자신문에 제 기사가 소개되었어요. 전자업계의 파워블로거라고. 그때가 2010년 초였지요. 블로그를 개설한 지 1년이 채 안 되는 시기였습니다.

그 무렵부터는 순위가 제자리걸음이었어요. 여기까지가 한계라고 여겼죠. 실제로 상위 블로그 중에는 여럿이 공동 관리하는 곳이 많아요. 혼자서는 그들을 뛰어넘기 힘들다고 생각했지요. 물론 순위 자체가 목적이 아니므로 별로 개의치는 않았어요. 늘 해오던 대로 글을 올리며 업데이트를 했어요. 업무 관련 자료나 좋은 글, 사진도 올리고, 방문글을 남기는 사람들에게 일일이 답글도 달았습니다. 그렇게 꾸준히 하다 보니 다시 순위가 꿈틀거리며 한계점을 돌파했어요. 20만 등을 넘어 10만 등, 그리고 7만 등을 거쳐 5만 등, 4만 등, 3만 등,

2만 등까지 꾸준히 올랐어요. 그리고 마의 1만 등까지 이르렀습니다. 2011년 벽두였을 거예요. 그 무렵 6~7천 등까지 상승했습니다. 당시 하루 방문자가 1,000명이었어요.

제가 어떻게 일을 해왔는지 물으셨지요? 제가 일을 하는 방식은 블로그를 운영하는 것과 별로 다르지 않아요. 한 걸음씩 가면 가지 못할 일이 없다고 생각해요."

우보천리(牛步千里), 소걸음으로 천 리 길을 간다더니 김기남 멘토의 블로그 활동이 딱 그랬다. 등산가들이 늘 하는 말이 있다.

'한 걸음씩 오르다 보면 결국은 정상에 이르게 됩니다.'

김기남 멘토는 마치 등산가나 마라톤 주자와 비슷했다. 그는 빨리 가는 대신 매일 한 걸음씩 걸어가는 방법을 택했다. 당장의 가시적인 성과는 없을지라도 서서히 바뀌는 계절처럼 그의 행동은 반드시 결과를 남긴다.

우리는 사람을 흔히 '그릇'에 비유한다. 작은 그릇도 있고, 큰 그릇도 있다. 작은 그릇은 그만큼 빨리 채워진다. 이번 시험에서 1등을 하는 게 목표인 사람은 그릇이 작다. 이번 시험만 잘 보면 금방 채워지기 때문이다. 목표를 달성하면 더 이상 공부해야 할 이유를 찾지 못한다. 마찬가지로 공무원이 꿈인 사람 역시 그릇이 작다. 공무원 시험에만 합격하면 그릇을 가득 채울 수 있다. 그러나 1등이 목표가 아니라 우주선 개발의 꿈을 갖고 있다면 그의 그릇은 매우 크다고 할 수 있다. 이번 시험에서 1등을 해도 그의 그릇은 결코 채워지지 않는다. 이제 조금 물이 고였을 뿐이다. 그는 이 그릇을 채우기 위해서는 또 무엇을 해야 하는지 알고 있거나 찾으려고 노력을 기울인다. 마찬가지로 공무원이 꿈이 아니라 공무원이 되어 나라를 떠받치겠다는 마음을 가지고 있다면 그의 그릇 역시 작지 않다. 그릇의 크기는 이처럼 마음먹기에 따라 달라진다.

"제 좌우명은 '대기만성(大器晚成)'입니다. 큰 그릇은 늦게 찬다는 뜻이죠. 큰 그릇은 이루기 힘들다는 뜻도 됩니다. 이렇게 마음을 먹으면 결코 어떤 일도 서두르지 않게 돼요. 먼 길을 떠나는 자는 행장을 대충 꾸리지 않습니다. 바위산을 오르는 등산가는 절대 신발 끈을 가벼이 매지 않습니다. 대신, 한번 한다면 끝까지 합니다."

김기남 멘토는 목을 축인 뒤 옛 기억을 더듬어갔다.

멘토는 이런 조언을 들려주었다. '빠르게 변하는 세상이라고, 나까지 덩달아 뛸 필요는 없다. 괜히 조급해지고, 잘할 수 있는 일도 그르친다. 큰 변화의 흐름을 감지하면서 묵묵히 걸어가라. 걸어가도 얼마든지 원하는 곳에 도달할 수 있다.'

04
출근 시간
6시 30분

    김기남은 남보다 2~3년 늦게 사회에 진출했다. 그는 금오공고 졸업생이다. 이 학교는 박정희 대통령 당시 '공업국가'를 만든다는 기조 아래 설립되었는데, 재학생 전원은 졸업과 동시에 기술하사관, 즉 RNTC로 군에 복무해야 했다. 김기남 역시 5년간의 군대 생활을 마치고 중사로 제대했다. 그리고 대학교에 진학했으니 이미 몇몇 친구들은 사회인이 되었을 때였다. 5년간의 군대 생활은 김기남에게 두 가지를 심어주었다. 하나는 '늦었다'는 생각이었다. 지금도 나이는 인생의 걸림돌이 될 때가 있지만, 당시는 더더욱 심하던 시절이었다. 2년 뒤늦게 사회에 나왔으니 그로서는 발등에 불이 떨어진 셈이었다. 다른 하나는 '늦었다'는 생각이 그를 철들게 했다는 사실이다. 그는 늦었다는 생각에 좌절하는 대신, 늦었으니 이제 어떻게 해야 할지 진지하게 고민하기 시작했다.

그 때문이었다. 그는 대기업인 태광산업에 입사했지만 결코 마음이 편치 않았다. 함께 입사한 동기들은 자기보다 2살 어린 친구들이었다. 그는 마치 10m 뒤에서 출발하는 100m 달리기 선수와 같은 심정이었다. 더구나 동기생 대다수가 서울 출신이었다. 지방에서 올라온 늦깎이 신입사원이 김기남의 자화상이었다.

태광산업에 출근한 첫날, 김기남은 남모르게 다짐했다. 2년의 시간을 만회하기 위해, 지방 출신이라는 한계를 극복하기 위해 '나는 365일 출근하겠다.'고 다짐했다. 일요일에도 쉬지 않을 생각이었다. 휴가도 가지 않을 생각이었다. 어린 친구들이 쉬고 있을 때 분주히 따라잡지 못하면 영원히 격차를 줄일 수 없을 것 같았다. 그리고 또 한 가지를 다짐했다. '매일 1등으로 출근하겠다.' 남보다 한발 앞서 출근하면 뒤처진 시간을 조금이나마 단축할 수 있지 않을까, 그런 심정이었다. 그래서 그는 6시 30분에 출근했다. 정식 출근 시간은 8시 30분이었다.

회사에서 가장 먼저 아침을 맞는 사람은 숙직실 직원과 청소하는 아주머니들이다. 긴 밤을 하얗게 새워 얼굴이 핼쑥해진 숙직실 직원은 꼭두새벽에 현관에서 들려오는 발자국 소리를 듣고 퍼뜩 정신을 차렸다.

"이 시간에 누구십니까?"

처음 보는 얼굴이 꾸벅 인사하며 '영업부 신입사원 김기남'이라고 자신을 소개한다. '아이쿠, 열혈 직원 나셨네.' 처음에는 대수롭지 않게 생각한다. 신입 초기에는 자신도 열정적인 직원이었다고 생각한다.

이른 아침 출근하여 사무실이며 복도를 청소하고 계시는 아주머니들도 고요한 복도를 저벅저벅 걸어오는 사람이 낯설기는 매한가지였다. 힐끔 쳐다보니 아들뻘 되는 젊은 직원이다. '이 시간에 무슨 일이래? 무슨 사고 났나?' 출근 시간은 아직 멀었는데, 청소도 아직 마치지 못했는데…… 공연히 마음이 부산해진다. 그런데 이 청년, 꾸벅 인사하며 '고생 많으십니다.' 인사하고 영업부로 쑥 들어간다.

그날만 그랬다면 아무도 기억하지 못하고 지나갔을 일이다. 다음 날도 김기남은 6시 30분 정각에 현관을 들어선다. 숙직실은 졸린 눈을 부비며 김기남을 통과시키고, 청소하는 아주머니들은 어제 그 총각의 깍듯한 인사를 받고 '네, 안녕하세요?' 하고 화답한다.

다음 날도 마찬가지였다. 숙직실은 현관을 지나가는 김기남의 뒷모습을 보며 얼마나 갈지 두고 보자고 생각한다. 아주머니들은 이제 자연스럽게 인사하고 하던 일을 계속한다. 다음 날도, 그 다음 날도,

그리고 일요일에도 마찬가지였다. 김기남은 늘 그 시간에 출근했다. 비가 억수로 내리던 한 주가 지나고, 해가 쨍쨍한 또 다음 주가 지나고, 매출이 하락했다고 분위기가 안 좋던 한 주가 지나고, 주가가 올랐다고 신나던 한 주가 지났지만 여전히 김기남은 첫날과 똑같은 시간에 똑같은 발걸음으로 계단을 오르고, 꾸벅 인사를 했다. 늦게까지 회식이 있던 날도, 몸살로 끙끙 앓던 날도 김기남의 새벽 출근은 멈출 줄 몰랐다.

그렇게 몇 달이 지속되니까 숙직을 서는 분들이나 청소 아주머니들 사이에서 입소문이 퍼지기 시작했다.

"참 성실한 사람이에요."

마치 닭이 울기를 기다리는 사람들처럼 그 시간이 되면 이제 '김기남 그 사람'이 떠오르는 아침 해와 함께 정문으로 나타나리라고 사람들은 생각하기 시작했다. 그리고 그들은 알람시계처럼 제시간만 되면 나타나는 김기남을 당연한 듯이 바라보게 되었다.

"저 사람, 어이쿠, 정말 부지런한 사람이야."

김기남 멘토에게 지금도 그렇게 일찍 출근하시느냐고 물었다. '그럼요, 지금도 늘 1등 출근입니다.' 돌아온 답변이었다.

05

함께 일하고
싶은데요

"태광산업 전자사업부 영업사원."

김기남의 첫 명함이었다. 그가 속한 전자사업부는 부도난 회사를 태광산업에서 인수하여 꾸린 사업부였다. 엔지니어들은 다들 자기 살길을 찾아 떠났다. 껍데기만 남은 회사였다. 그럴 듯한 상품 하나 없었다. 대리점을 방문하면 사장들은 한숨부터 내쉬었다.

"팔 게 있어야지."

경쟁업체 제품과 비교하면 낯부끄러운 제품뿐이었다. 팔고 싶어도 팔 만한 상품이 없고, 만들고 싶어도 만들 게 없던 시절이었다. 신입 영업사원이던 김기남에게는 최악의 조건이었다……

김기남 멘토는 그때를 회상하며 이런 말을 했다.

"만들어진 물건을 파는 것이 영업이라고 하잖아요? 그건 잘못된 생각입니다."

처음 그 말을 들었을 때는 '엥?' 하는 의문이 일었다. 아니 그럼, 뭐가 영업인데요?

"목마른 놈이 우물 판다는 속담이 있습니다. 필요한 사람이 구해야 합니다. 그게 영업이에요."

나중에 국어사전을 찾아보니까 '영업'이라는 말을 우리가 얼마나 왜곡해서 쓰고 있는지 실감할 수 있었다. '영업자'라고 하면 '물건을 팔러 다니는 사람'이라고 생각하기 쉽다. 그러나 실제로 찾아본 '영업'이라는 말은 '영리를 목적으로 하는 사업' 혹은 '기업에 이익이 되는 모든 행위'를 말한다. 흔히 말하는 '비즈니스'와 똑같은 뜻이었다. 따라서 '영업자'는 기업의 이익을 만드는 사람이어야 한다.

신입사원 김기남은 그런 마인드를 갖고 있었던 것 같다. 팔 게 없으니까 영업을 못한다? 경쟁력이 떨어져서 영업을 못한다? 이런 생각은 젊은 김기남으로서는 용납하기 어려웠다. 그는 자신을 파는 사람으로 인식하지 않고, 이익을 만드는 사람으로 인식했다. 그래서 누가 시키지도 않은 일에 착수했다. 우리 회사에 부족한 게 기술자라고? 그럼 내가 스카우트하지, 뭐! 그날로 김기남은 전국의 개발 엔지니어를 스카우트하기 시작했다.

발품 팔기가 시작되었다. 사람들에게 물어서 일 잘하는 엔지니어들을 물색하기 시작했다. 그리고 전화를 걸어서 '태광산업 전자사업부 김기남이다, 한번 만나서 얘기하고 싶다'고 말했다. 다행히 '태광산업'이라는 말에 사람들이 관심을 보였다. 물론 한두 차례 만난다고 얼씨구나 하고 이직하는 사람은 없었다. 김기남도 처음부터 쉬운 일은 아니라고 예상했다. 그의 신조가 '대기만성'이 아닌가. 그는 '열 번 찍어 안 넘어가는 나무 없다'는 심정으로 틈만 나면 사람들을 만났다. 심지어 어떤 엔지니어는 5년 만에 스카우트가 성사되기도 했다. 2년 동안 열심히 만났지만 마음을 정하지 못하다가 마침 발령을 받고 부산으로 내려간 사람이었다. 김기남은 그가 부산에 내려간 뒤에도 틈틈이 전화를 걸어 안부를 물었다. 그렇게 3년이 지나자 그 엔지니어에게서 전화가 왔다.

"아직도 사람이 필요하시면 같이 일하고 싶습니다."

김기남의 인력 스카우트는 반짝 세일이 아니었다. 한 번 만나서 원하는 결과를 얻지 못하면 수첩에 이름과 연락처를 적어두고 지속적으로 연락을 취했다. 어쩌면 그가 인맥의 달인이 된 데에는 이런 이력이 있었기 때문인지 모른다. 하여튼 그는 한번 맺은 관계는 상대가 잠적하기 전까지는 꾸준히 그 관계를 이어갔다.

나중에는 김기남이 인력을 스카우트한다는 소문이 퍼지면서 반대로 김기남이 누구인지 수소문하는 사람들이 생겼다. 우리나라야 같은 업종이라면 한 다리만 건너면 다 아는 사이가 아닌가. 엔지니어들은 금방 김기남에 대한 소문을 들었다. 사실 그 무렵 김기남은 회사에서 인정받는 전도유망한 직원이었다. 엔지니어들 사이에 '김기남은 태광산업 사장이 적극 밀어주는 직원'이라는 소문이 퍼졌다. 그러자 엔지니어들 사이에 이상한 말까지 돌았다. 김기남이 만나자고 제의한 사람은 실력이 있는 엔지니어고, 그렇지 않은 사람은 별 볼 일없는 사람이라는 인식이었다. 그렇게 김기남은 업계에서 자신의 입지를 다져갔다. '나라는 상품이 좋아야 한다'는 김기남 멘토의 말대로 그는 '좋은 상품'으로서 사내외에 이름을 알렸다. 물론 그로서는 '영업'을 한 것일 뿐이지만 말이다.

김기남 멘토에게 지금까지 몇 명이나 스카우트를 했는지 물었다. '한 100명은 되는 것 같아요.' 헤드 헌터도 아니면서 100명씩이나 영입을 했다니…… 그건 그렇다 쳐도 100명을 뽑기 위해 몇 명이나 만났다는 말일까?

06

직장 후배에게
모범이 되어라

김기남 멘토는 늘 직원에게 모범이 되는 사람이 되려고 노력하며 지금까지 살아왔다. 이런 마음으로 살아오는 데는 그가 태광산업에서 처음 겪었던 '오리엔테이션'이 큰 영향을 끼쳤다. 당시 오리엔테이션 현장에는 부서장 10명이 참석하여 강의를 진행했다. 수많은 신입사원 틈에 끼어 있던 김기남도 그들의 말을 귀담아들었다. 그런데 유독 3명의 부서장이 기억에 남았다. 직무 지식이 뛰어났고, 사업을 읽는 안목도 날카로워 보였다. 아직 직장생활이 무엇인지 모르는 신입사원이었지만 김기남은 왠지 그들에게 끌렸다.

'저 세 분을 롤모델로 삼아야겠다.'

그런데 1년이 지나니까 3명 중 1명이 퇴사를 했다. 말이 퇴사지, '잘린 것'이다. 명퇴라는 단어도 없었고, 대체로 정년을 채우던 시기였다. 그렇게 1년이 지나니까 또 한 명의 롤모델이 퇴사를 하고 말았다. 그리고 3년째 되던 해에는 마지막 남은 그 1명마저 회사를 그만두었다.

김기남은 당혹스러웠다. 도대체 누구를 모델로 삼고 나의 청춘을 바쳐야 한다는 말인가. 그때가 김기남에게는 중대한 기로였다. 누구에게 기대지 말고 내 자신이 나의 멘토가 되어야겠다, 내 후배들에게 본받을 만한 멘토가 되어야겠다…… 김기남의 마음에 처음으로 '모범'이라는 단어가 떠오른 때였다.

그가 직장 4년 차이던 때에 마침 오리엔테이션이 있었다. 김기남은 토요일 오후 빈 시간을 골라 신입사원들을 찾아가서 이렇게 말했다.

"나는 전자사업부 김기남 대리이다. 오늘 하고 싶은 말이 있는데 듣고 싶은 사람은 남아주기 바란다."

하늘같은 선배의 말이었기 때문일까. 한 명도 빠지지 않고 모두 김기남의 이야기를 들으러 왔다. 강의실이 꽉 찼다. 김기남이 입을 뗐다.

"나도 4년 전에 이곳에서 오리엔테이션을 받았다. 그런데 그때 강의를 들으면서 조금 답답한 심정이었다. 마음에 와 닿지 않는 얘기가 대부분이었기 때문이다. 사실 1년 차에게 필요한 조언은 따로 있는 것 같다. 오늘 해주고 싶은 얘기도 그런 것이다."

연배가 많고 직급이 높은 부서장들의 이야기가 따분하던 신입사원들은 김기남의 말에 바짝 정신을 차렸다. 김기남이 입을 뗐다.

"식당 아주머니에게 꼭 인사해라. 그분들은 너희들에게 형수나 어머니 같은 분들이다. 세상에 하찮은 일은 없다. 모두 평등하다. 그분들이 안 계시면 우리가 밥을 먹을 수 없지 않겠는가. 직장인이 되기 전에 사람이 되어야 한다. 사람으로서 지켜야 할 도리를 어기지 말아야 한다. 그런 사람이 상사의 눈에도 띄는 법이다. 자기 잘난 맛에 사는 사람은 오래 가지 못한다. 직장은 잠시 머물다가 떠나는 곳이 아니다. 너희들이 설령 다른 곳으로 가더라도 이곳에서 받은 평가는 너희를 끝까지 따라다닐 것이다. 인사하는 습관을 들이도록 해라. 예의를 목숨처럼 지켜라."

김기남은 '자만'이 얼마나 위험한지 절실히 깨닫고 있었다. 모난 돌이 정 맞는다고, 잘난 척하던 사람들이 곤두박질치는 모습을 많이 보았다. 직장에서 인정받기 위해서는 물론 능력도 중요하다. 그러나 김기남은 능력 이전에 사람이 중요하다는 사실을 강조하고 싶었다. 김기남 대리의 얘기가 이어졌다.

"내가 4년 다니다 보니까 이런 얘기를 참 많이 듣는다. '그건 제 탓이 아닙니다.' 그러면서 '다른 부서가 협조하지 않는다'는 얘기를 많이들 한다. 하지만 나는 단 한 번도 남을 탓해본 적이 없다. 왜 그게 남의 탓인가? 어쨌든 자신도 그 일에 한 발을 딛고 있는 게 아닌가. 자기 업무, 남의 업무가 생각처럼 딱딱 구분되는 게 아니다. 회사는 한 사람, 한 사람이 힘을 합쳐 공동으로 이익이라는 결과물을 만들어 내는 조직체이다. 내가 할 일만 다했다고 끝이라고 생각하면 회사는 절대 발전이 없다. 동시에 너희들 개개인에게도 발전은 없다. 남의 일, 자기 일을 구분하지 말고 회사를 위한 것이라면 자기 일이라고 여기고 달라붙어야 한다."

김기남이 기억하는 얘기는 이렇게 두 가지였다.

'식당 아주머니에게 인사할 것, 남을 탓하지 말 것'

대단한 이야기는 아니었다. 그런데 반응은 남달랐던 모양이다. 며칠 뒤 신입사원을 대상으로 한 오리엔테이션 강의 평가서가 나왔는데 김기남이 1등을 했다. 인사부 부장이 '왜 강의자 명단에도 없는 김기남이 1등을 했느냐'며 부하직원들을 시켜 자초지종을 물으러 다녔다고 한다. 그날 김기남은 강의 평가에서 1등을 했다는 사실보다 후배들이 자기 말에 귀를 기울였다는 사실이 더 기뻤다. 그리고 김기남은 한 가지를 알게 되었다.

'내가 먼저 바르게 행동하면 후배들도 그 행동을 따른다. 나를 따르는 게 아니라 바른 그 행동을 자기 행동의 기준으로 삼는다.'

……세 번째 멘토링을 마치고 돌아가는 길, 새벽의 어스름을 뚫고 출근하는 김기남 멘토의 모습이 자꾸 떠올랐다. 젊은 김기남은 직장생활 4년 동안 식당 아주머니, 경비 아저씨, 신입사원, 그리고 외부 엔지니어들에게 그 이름을 각인시켜가고 있었다. 그의 인맥은 이렇게 하나씩 늘어나고 있었다.

서른 살의 인맥 넓히기 ②
개인이 아닌 전체를
위하여 일하라

"직장에서 호감을 얻으려면 어떻게 해야 합니까?"
"······스스로 떳떳하면 그만입니다."

01

나에게 주어진 시간을
남을 위해 쓸 수 있는가

　세 번째 멘토링을 마치면서 멘토는 나에게 숙제를 내주었다. '노블레스 오블리주(noblesse oblige)'의 대표적인 사례로 꼽히는 '칼레의 6인'에 대해서 읽어보라는 것이었다. 뭐, 한 번은 들어본 얘기인데 굳이 찾을 필요가 있을까 싶었지만 '알고 있는데요' 하고 말할 만큼 자신감은 없었다. 멘토는 내용을 한번 정리해 보면 도움이 될 거라고 했다.

　……섬나라 영국이 대륙에 닿는 가장 빠른 길이 도버해협을 건너는 해로이다. 프랑스 사람들에게 '칼레해협'으로 불리는 이곳은 현재

'유러터널'이 바다 밑으로 뚫려 있어 영국과 대륙을 잇는 교통의 중심
지가 되었다.

프랑스 칼레 시는 도버해협(칼레해협)을 마주보고 있는 항구도시다.
이 도시는 영국과 프랑스의 백년전쟁 당시 영국군에게 함락된 적이
있었다.

당시 유럽은 말 탄 기사가 전력의 핵심이었다. 이들은 마치 일본 사
무라이처럼 봉건 영주에게 충성을 바치며 성을 지키는 역할을 했다.
프랑스 역시 말 탄 기사가 전장을 누비고 있었다. 그런데 도버해협을
건넌 영국군의 손에는 긴 활이 들려 있었다. 영어로는 'Long bow',
한자로는 '장궁(長弓)'이라 불리는 이 활이 영국군의 주력 무기였다.
프랑스는 군사력이 약한 나라가 아니었다. 그러나 난생처음 겪는 영
국 보병의 활 공격 앞에서는 속수무책이었다. 말이 제아무리 빨라도
활의 속도에는 미치지 못했던 것이다.

칼레는 거세게 저항했지만 맹렬히 퍼붓는 화살 공격을 막기에는
역부족이었다. 프랑스 군대는 칼 한 번 제대로 휘둘러보지 못하고 맥
없이 바닥에 고꾸라지고 말았다. 파리는 런던보다 멀었고, 구원병은
도착할 기미가 없었다. 1347년 칼레 시는 영국군의 손아귀에 떨어지
고 말았다.

영국 왕 에드워드 3세는 비록 칼레를 함락시키기는 했지만 그들의
끈질긴 저항에 진절머리를 치고 있었다. 왕은 이를 악물고 이렇게 말

했다.

"딱 6명의 목을 요구한다. 6명이 목숨을 바치면 칼레를 용서하겠다. 그러나 단 한 명이라도 부족할 경우에는 칼레 전체를 쑥대밭으로 만들어버릴 것이다. 자, 누가 칼레를 위하여 목숨을 바치겠는가?"

정적이 감돌았다. 피를 뒤집어 쓴 영국군이 눈을 부라리며 노려보고 있었고, 거리에는 사람들의 시신이 널려 있었다. 바람이 허공을 가르며 지나갔다. 칼레 시민들은 얼어붙은 듯 그 자리에 꼼짝도 하지 않고 서 있었다.

그때 침묵을 깨는 발걸음 소리가 들렸다. 시민들과 영국군의 시선이 일제히 한 곳으로 쏠렸다. 칼레 제일의 부자인 외스타슈드 생 피에르였다. 그는 어금니를 꽉 깨물고 있었다. 두 눈은 허공의 한 점을 바라보고 있었다. 두려움을 떨쳐내기 위해 안간힘을 쓰고 있었다.

길을 터주는 사람들의 얼굴에는 공포, 두려움, 수치심, 죄책감, 안타까움의 빛이 스쳐 지났다. 놀란 눈으로 그의 뒷모습을 쫓는 사람도 있었고, 고개를 돌리는 자도 있었다. 무너지듯 바닥에 털썩 주저앉은 여인, 쌕쌕 숨을 내쉬는 사람도 있었다.

피에르가 영국군 앞에 우뚝 멈춰 서자 다시 한 사람의 발걸음 소리가 들렸다. 칼레 시장인 장데르였다. 그의 얼굴에는 땀이 줄줄 흐르고 있었다. 그 뒤를 이어 칼레의 거상 피에르 드 위상이 눈을 부릅뜨고 걸어 나왔고, 그의 아들이 가슴을 내밀며 뒤를 따랐다. 이에 감격

한 시민 3명이 합류했다. 지원자는 총 7명이었다.

"프랑스인이 겁쟁이는 아니로군. 내가 원하는 목은 6개다. 말미를 주겠다. 내일 아침 일찍 정한 시각에 6명만 다시 이곳으로 모인다. 그 사이 1명은 알아서 빠지도록!"

영국 왕 에드워드 3세는 말을 마치자 곧 말머리를 돌렸다.

왜 에드워드 3세는 곧장 처형을 집행하지 않았을까? 그에게 악취미가 있었는지 없었는지 알 수 없지만 어쨌든 집행 연기는 사태를 새로운 국면으로 몰고 갔다. 지금이야 다들 애국심으로, 비장감으로 가슴이 꽉 차 올랐지만 만일 하룻밤을 보내면서 마음이 가라앉으면 각오는 흐트러지고 죽음에 대한 두려움이 커지지 않겠는가. 더구나 7명 가운데 1명은 목숨을 부지할 수 있지 않은가.

영국군이 물러간 뒤 칼레 시민들이 웅성거리기 시작했다. 누군가 '제비뽑기를 하자'고 제안했다. 외스타슈드가 고개를 저었다.

"지금 우리는 영국군의 활로부터 칼레를 구하기 위해 이 자리에 나섰습니다. 영국 왕은 6인의 목숨을 요구하고 있습니다. 만일 6명 가운데 한 명이라도 마음이 나약해지면 우리가 사랑하는 이 칼레에 어떤 일이 닥칠지 알 수 없습니다. 저는 지금 제비뽑기로 살아남을 사람을 결정하는 것은 좋지 않다고 생각합니다. 여기 있는 사람 중에 죽음이 반가운 사람은 없습니다. 만일 제비뽑기를 해서 한 명이 살게 되면 남은 6명 가운데 마음이 약해지는 사람이 생기지 말라는 법이 없습니다. 저는 우리 모두가 지금의 각오를 잃지 않기를 바랍니다. 그게 칼레를 구할 수 있는 유일한 길입니다. 대신 내일 아침 이 자리에 제일 늦게 오는 사람을 자동으로 빼는 것으로 하면 좋을 것 같습니다."

사람들은 외스타슈드의 말에 동의하고, 집으로 돌아갔다.

다음 날 처형장에는 에드워드 3세를 비롯하여 영국군과 칼레 시민들이 모였다. 그리고 목숨을 바치기로 한 칼레의 7인이 한 명씩 등장했다. 그런데 뜻밖에도 외스타슈드의 모습이 보이지 않았다. 이상하게 여긴 사람들이 그의 집으로 사람을 보냈다. 그러나 외스타슈드는 이미 이승 사람이 아니었다. 그는 지난밤에 스스로 목숨을 끊었다. 혹시라도 다른 6명의 의지가 약해지지 않을까 싶어 용기 있게 모범을 보인 것이다.

이 소식은 곧 처형장에 모인 칼레 시민과 영국군에게 알려졌다. 마침 영국 왕을 따라나섰던 영국 왕비는 이 얘기를 듣고 감동을 받아 에드워드 3세에게 애원했다. 제발 저들을 용서해 주라고⋯⋯ 에드워드 3세는 오랫동안 침묵을 지키다가 천천히 고개를 끄덕였다. 칼레 시민들은 눈물을 흘리며 기뻐했다.

6명의 용감한 칼레의 시민들은 조각가 로댕의 손에 의해 〈칼레의 시민〉이라는 동상으로 재탄생하여 현재 칼레 시에 전시되어 있다.

"칼레의 시민 이야기는 읽으셨나요?"

자리에 앉자마자 김기남 멘토가 묻는다.

"네, 읽었습니다."

"어떠셨나요?"

"이야기는 감동적이었지만 저라면 절대로 그렇게는 못했을 것 같습니다. 목숨이 걸린 일인데요."

"두렵지요. 저도 감히 나서지 못했을 거예요. 그런데 우리가 주목해야 할 점이 있어요. 그 이야기에서는 6명의 사람들이 자기 목숨을 바칩니다."

"그렇죠, 목숨을 내걸었습니다."

"그런데 꼭 바쳐야 할 것은 목숨만은 아니에요."

"목숨만은 아니다…… 어떤 뜻인가요?"

"예를 들어 시간이라는 것도 남을 위해 바칠 수 있잖아요?"

"시간이요? 시간을 바친다는 말은 못 들어본 것 같은데요……"

"목숨이란 어떻게 보면 시간이에요. 사람은 언젠가는 죽게 마련이잖아요. 정해진 수명이 있어요. 그런데 목숨을 바치는 것은 남은 시간을 모조리 바치는 거예요."

"아, 그렇게 볼 수 있을 것 같습니다."

"반면 주어진 시간의 일부를 바치는 것도 그만큼의 값어치가 있는 것이죠."

"그렇겠네요. 남을 위해 시간을 내서 봉사 활동을 하는 것도 자기를 바치는 일이겠네요."

"마찬가지로 시간을 바칠 수 있다면 마음도 바칠 수 있죠. 내가 가진 것을 남을 위해 쓸 수 있다는 말입니다."

"네, 맞습니다. 칼레의 시민처럼 목숨까지는 힘들더라도 제가 가진 작은 것들을 바칠 수 있습니다."

"그런데 중요한 것은 무엇을 위해 바치느냐예요. 칼레의 시민들은 무엇을 위해 자기 목숨을 바쳤지요?"

"칼레의 시민들을 위해서였어요."

"그래요, 대(大)를 위한 소(小)의 희생입니다. 그 6인은 칼레를 자기보다 더 크게 여기고 그래서 자기를 바친 것입니다. 제가 드리고 싶은 말은, 만일 우리가 기업이나 조직을 우리보다 크게 여기고 그것을 위해 자신을 불사른다면 자연히 주위에 사람이 모이게 된다는 거예요.

하지만 대개 어떤가요? 사람들은 자신을 기업이나 조직보다 더 크게 여길 때가 있어요. 그래서 이렇게 말하지요. 회사가 나를 위해서 해준 게 뭔데? 내가 왜 회사를 위해서 나를 희생해야 하는데? 물론 그런 생각이 잘못이라는 뜻은 아니에요. 다만 그런 생각을 하고 있으면서 회사에서 나를 알아주지 않는다고 투덜대면 이는 어불성설입니다. 회사는 회사라는 대의를 위해 자기를 희생하는 사람을 높게 평가하는 법입니다."

"하지만 그런 사람이 소수라는 게 문제가 아닐까 싶습니다."

"맞아요. 어떤 기업도 이 문제로부터 자유롭지 못하지요. 더구나 회사를 위해 일하기로 마음먹는다고 해도 누가 따로 도와주거나 하지 않아요. 또한 회사를 위한 일과 특정인의 이해관계가 갈등을 일으키는 경우도 있어요. 사사건건 부딪치게 되지요."

"멘토님도 그런 경험이 있으셨나요?"

"여러 번 있었어요."

"어떻게 갈등을 해결하셨나요?"

"개인적인 관계라면 백 번 양보해도 좋아요. 하지만 회사의 이익이 걸린 문제에서는 타협하지 않았어요. 만일 가족들이 울며불며 칼레의 6인을 뜯어말렸다면 어땠을까요? 그래서 그 6인이 '저는 못하겠습니다.' 하고 도망쳤다면 어떻게 됐을까요?"

"6명을 채울 수 없었다면 칼레 시민이 모조리 죽임을 당했겠지요."

"회사도 마찬가지예요. 특정인의 이익을 위해 결정을 내리게 되면 회사는 망가져요. 그래서 타협을 해서는 안 된다는 말이에요."

"멘토님의 경험담이 참 궁금합니다."

02

상사가 회사보다
높은가

만일 당신이 오늘부터 회사 전체의 발전을 위한 일이 아니고서는 어떤 일에도 협조하지 않겠다고 다짐했다면 어떤 문제가 발생할지 곧 알게 될 것이다. 우선은 이 일이 정말 회사를 위하는 일인지 판단을 내리기 어려울 때도 있을 것이고, 무엇보다 다른 사람들과 사사건건 충돌을 일으키는 일이 부쩍 늘어날 것이다.

김기남 멘토도 그랬다. 그는 남보다 늦은 나이에 입사했지만 남보다 이른 나이에 승진을 거듭했다. 그가 과장이 되었을 때다. 그는 업무 특성상 과장의 위치에 있으면서 각 부서 부장들을 모아놓고 회의를 진행하곤 했다. 그런데 한두 차례 회의를 진행하면서 부장들의 반발에 부딪쳤다.

"오늘 안건은 새로운 사업에 관한 것입니다. 요즘 ×× 분야가 유망하다는 분석이 있습니다. 그쪽으로 사업을 확장하여 진행했으면 하는데요. 의견을 나누고 싶습니다."

새로운 아이템을 발굴하고, 신사업을 열어가는 일이 김기남 과장에게 부여된 일이었다. 그는 기술 발달 속도, 해외 기업의 움직임, 소비자 니즈의 변화 등을 분석하며 하나씩 아이디어를 찾곤 했다. 그런데 늘 부장들의 반발에 부딪쳤다.

"이봐 김 과장, 그거는 소위 말하는 일류 기업들이나 뛰어드는 일이잖나. 잘나가는 외국 기업에서 점유하고 있는 시장에 우리가 무슨 수로 발을 내밀겠어?"

"자네는 우리가 그 일을 할 수 있다고 생각하는가? 주어진 일 처리하기도 빠듯한 마당에 어디서 없는 시간을 쪼갠다는 말인가? 인력 충원이 먼저 아니야?"

"아이디어만 갖고 사업이 된다면 누가 회사를 못 차리겠어? 되는 일이 있고, 안 되는 일이 있는 법이야. 무작정 아이디어만 제시하지 말고 현실을 보라고."

물론 해본 적이 없는 일이니 될지 안 될지는 알 수 없었다. 그러나 부장들의 입에서 나오는 말은 하나같이 '안 된다'였다.

김기남은 회의실에 혼자 남아 생각에 잠겼다.

'이런 식이라면 아무 일도 되지 않을 것이다. 관련 부서가 이렇게 비협조적으로 나온다면 나는 어떻게 해야 할까.'

그는 고심 끝에 한 가지 방안을 찾았다. 다음 회의 시간이 돌아왔다. 그는 부하직원 한 명을 대동하여 회의석상에서 발언된 내용을 토씨 하나 빠뜨리지 않고 적도록 했다.

역시나 이번 회의에서도 '안 된다, 불가능하다, 되지도 않는 일이다, 힘들다, 어렵다, 비현실적이다'는 말들이 오고갔다. 김기남 과장은 다른 얘기는 더 묻지 않은 채 회의를 마치고, 부하직원이 작성한 회의록을 한 글자도 고치지 않은 채 공장장에게 올렸다.

그리고 결제받은 보고서를 부서장들에게 배포했다. 곧 부장들의 항의가 들어왔다. 그들은 누가 먼저랄 것도 없이 김기남 과장을 호출했다.

"자네는 생각이 있는 사람인가, 없는 사람인가? 보고할 게 따로 있지, 회의실에서 한 이야기를 그대로 다 올리면 어떻게 한단 말인가?"

부장들은 핏대를 세우고 책상을 쾅 내리쳤다. 김기남은 이런 반응을 예상하고 있었다.

"제가 올린 보고서 가운데 부장님께서 하지 않은 얘기가 있습니까?"

"……"

"그렇다면 더 이상 말씀하지 마십시오. 저는 제 일을 했을 뿐입니다.”

김기남은 몇 차례 같은 얘기를 반복하며 부장실을 돌았다.

다음 회의 시간이 돌아왔다. 부장들은 슬슬 김기남의 눈치를 보았다. 김기남이 발제하고 이에 대해서 부장들이 의견을 나누기 시작했다. 드디어 ‘한번 해보지, 할 수 있을 것 같은데’ 하는 얘기가 나오기 시작했다.

……당시를 회상하며 김기남 멘토는 이런 말을 했다.

“그때 저는 참 용감했던 모양입니다. 일은 진행되어야 한다고 믿었기에 가능했던 일이지요.”

“직장생활에도 용기가 필요한가요?”

“그렇지요, 용기가 필요합니다. 소크라테스는 용기를 인격의 한 덕목으로 꼽으면서 개를 그 예로 들었어요. 개는 주인을 보면 꼬리를 치지만 낯선 자를 보면 용맹하게 짖잖아요. 아무리 덩치가 큰 사람이 오더라도 개는 짖기를 멈추지 않아요. 자기가 알고 있는 대로 행동하지요. 그것이 바로 ‘용기’입니다.

지혜도 중요합니다. 그러나 알고 있는 것을 행동으로 옮기기 위해서는 용기가 필요해요. 회사에 필요한 것이 무엇인지 알았다면, 자신에게 부여된 일이 무엇인지 알았다면 지위의 고하를 막론하고 이를 실천에 옮길 수 있어야 해요.”

"실천이 중요하다는 것은 아는데 왜 잘 안 되는지 모르겠습니다."

"생각이 많아서 그래요. 이렇게 하자니 저 사람 눈치가 보이고, 저렇게 하자니 또 다른 사람 눈치가 보여요. 그게 맞는 건지도 잘 모르고요. 사실 누군들 그게 맞는지 틀린지 알겠습니까? 일단 해보면서 포기하지 않는 게 중요하잖아요. 어쨌든 그렇게 우왕좌왕하다가 시기를 놓치게 돼요. ……생각해 보면 참 많은 일이 있었는데 이런 적도 있었어요."

"어떤 일이었나요?"

03
일을 도모할 때는
사심이 없어야 한다

김기남이 대리였던 시절이다. 하루는 그에게 과장 한 명이 찾아왔다. 용건을 물었다.

"글쎄, 공장장님이 다짜고짜 김 대리 자네를 찾아가 보라더군."

"이유가 있을 것 아닙니까."

"아니, 이렇다 저렇다 말씀은 없으시고, 그저 찾아가 보라고만 하셨어."

자초지종은 이러했다. 과장이 공장장에게 업무를 보고하러 갔다. 과장으로서는 피하고 싶은 일이었다. 지시받은 업무를 아직 처리하지 못했기 때문이다. 하지만 변명거리가 있었다. 과장이 보기에 문제는 자신이 아니라 관계 부서의 비협조적인 태도였다. '나는 수차례 협조를 요청했다. 하지만 그쪽에서 일 처리가 늦는 바람에 일이 지연되었다. 달리 방법이 없는 것 아닌가.' 그렇게 자신을 합리화하며 공장장을 찾아갔다. 그러나 보고를 받은 공장장은 가타부타 말이 없이 한숨만 푹 쉬었다. 그리고 하는 말이 '김기남을 찾아가 보라'는 것이었다.

직급이 아래인 대리에게 보냈으니 과장으로서는 얼마나 자존심이 상했겠는가. 과장은 남 보기도 창피하고 왠지 자신이 무능력한 사람이 된 것 같아 기분이 나빴다. 하지만 공장장의 지시가 있었으니 외면하기도 힘든 일. 일단 김기남 대리를 찾았다.

김기남은, 떨떠름한 표정으로 자신을 찾아온 과장을 보고는 눈을 동그랗게 떴다.

"글쎄요, 왜 저한테 가라고 하셨을까요?"

"자네는 짚이는 게 있을 것 아닌가?"

곰곰 생각하던 끝에 한 가지 일을 떠올렸다.

'얼마 전 그 일을 두고 나에게 가보라고 한 모양이군.'

'그 일'이란 '과장 폭행 사건'이었다. 김기남은 얼마 전 타 부서 과장의 멱살잡이를 한 적이 있었다. 대리가 과장을 때렸으니 위계를 중시하는 조직에서는 용납될 수 없는 일이었다. 김기남 역시 징계 조치를 예상하고 있었다. 그러나 아무도 이 일을 문제 삼지 않았다. 몰래 뒷

골목에서 저지른 일도 아니고, 사람들 다 모여 있는 사무실 한복판에서 일어난 일인데도 회사에서는 쉬쉬할 뿐 김기남에게 아무런 징계도 내리지 않았다.

"얼마 전에 개발부 이 과장님과 저 사이에 있었던 일에 대해서는 들으셨지요?"

모를 턱이 없었다. 과장이 고개를 끄덕였다.

"제가 이 과장님을 왜 때린 줄 아십니까?"

과장이 고개를 저었다.

"저는 영업자입니다. 영업자는 어찌 됐든 제품이 나와야 일을 할 수 있습니다. 그런데 지난 달 말까지 출시하기로 예정되었던 신상품이 도무지 나올 기미가 안 보였습니다. 날짜는 하루하루 다가오고, 입에 침이 마르더라고요. 도대체 뭐가 문제이기에 자꾸만 지체되는지 궁금해서 알아보니까 개발부 이 과장님이 결재를 안 내주더란 말입니다. 신상품 판매에 차질이 생기면 과장님이 책임 질 거냐고 따졌죠. 그래도 요지부동이었어요. '일에 과정이 있다, 억지로 되는 일이 아니니 기다려라.' 하지만 제가 보기에는 사소한 문제였습니다. 하려고만 마음먹으면 당장이라도 처리가 가능한 문제였어요. 설령 그렇지 않더라도 되도록 만들어야 하는 것 아닙니까. 부서가 존재하는 게 회사를 위해서지, 어떻게 회사 전체가 한 부서 때문에 발을 동동 구르고 있어야 한다는 말입니까? 신상품 출시가 늦어져서 매출이 차질을 빚으면 결국 영업부뿐 아니라 사업부 전체가 손해를 입게 되잖아요. 어르고 달래고 언성도 높여보고 조용조용 타일러도 보았습니다. 하지만 소귀에 경 읽기가 따로 없었습니다. 그래서 참지 못하고 주먹을 휘둘렀습니다."

이야기를 듣던 과장이 침을 꼴깍 삼켰다.

"그래…… 무슨 말인지는 알겠네."

김기남은 이렇게 덧붙였다.

"아마 공장장님께서 과장님을 제게 보내신 이유는 이 때문인 것 같습니다. 제 생각에는 협조를 받고 안 받고는 그 부서만의 문제가 아닙니다. 협조를 받아야 할 부서에도 일부분 책임이 있습니다. 강단을 보여주세요."

과장은 묵묵히 고개만 끄덕이다가 이윽고 자리로 돌아가려고 일어섰다. 그러다 뭔가 생각난 듯이 김기남에게 물었다.

"참, 그러면 두 사람 사이는 이제 완전히 틀어진 건가?"

"아뇨, 그날 저녁에 뵙고 술 한잔하면서 제가 사과했습니다. 이 과장님도 '네가 뭘 미안하냐, 내가 잘못한걸.' 하고 말씀하시던데요."

……얘기를 듣다보니 궁금증이 생겼다.

"그렇게 하면 물론 옹호해주는 사람도 있겠지만 적도 생기지 않을까요?"

사람들의 눈 밖에 나지 않겠느냐는 조심스런 질문이었다. 하지만 김기남 멘토는 이 문제에 대하여 확고한 신념을 갖고 있었다.

"아닙니다. 만일 제가 사심을 갖고 그 일을 했다면 저를 미워하는 사람들도 분명 있었을 테지요. 그러나 사심이 없으면 사람들이 제가 하는 일에 토를 달지 않습니다. 저는 개인적인 욕심으로 일한 적이 없습니다. 모두 함께 머리를 맞대고 일을 계획한 것이고, 이를 달성하는 것이 제 일이라고 믿었어요. 작게는 영업부의, 크게는 전자사업부의 명운이 걸린 일이니까요. 이처럼 명분이 뚜렷한데 설령 속으로는 제가 껄끄러웠을지 몰라도 최소한 겉으로는 반대 의견을 내놓을 수 없지 않을까요?"

사심을 갖지 않았다…… 내 이익을 생각하지 않았다…… 쉽지 않은 일이겠지만 개개인이 지녀야 할 마음의 자세인 것은 분명하다. 질문을 바꾸었다.

"멘토님, 조직 내 라인 문제는 어떻게 생각하십니까?"

조직 내에서 권력을 모으는 가장 전통적인 방법 가운데 하나가 라인(line)이다. 라인은 본질적으로 라인에 속하는 사람들을 보호하는 역할을 하기 마련인데 이런 특성이 전체 조직의 이익과 상충될 때가 있다. 예컨대 인사 배치가 전체 조직의 관점에서 이루어지지 않고 특정 라인의 입김에 의해 이루어지는 경우가 종종 벌어진다. 그리고 일상적으로 직원 개개인은 회사를 위한 일과, 라인을 위한 일 사이에서 갈등을 겪을 때가 많다.

멘토가 입을 열었다.

"도척이라고 춘추전국 시대의 유명한 악인이 있었어요. 장자는 도
척 이야기를 하면서 그들에게도 의리가 있다고 말해요. 얘기는 이
래요.

부하들이 물었다.

"도둑에게도 도덕이 있습니까?"

도척이 대답했다.

"도덕이 없는 곳은 없느니라. 집안 어디에 재물이 숨어 있는지 알아
맞히는 것이 성(聖)이다. 앞장서는 것이 용(勇)이니라. 가장 나중에 나
오는 것이 의(義)니라. 도둑질을 해야 할지 말아야 할지 잘 아는 것이
지(智)니라. 훔친 것을 공평하게 나누는 것이 인(仁)이니라."

_ 장자, 도척편

⋯⋯그럴듯한 얘기지요?"

"뭔가 아닌 듯한데 얘기는 근사합니다."

"사실 도둑이라는 무리 안에서 보면 도척의 말은 하나도 틀린 게 없
어요. 그러나 범위를 넓혀서 사회 공동체라는 관점에서 보면 문제가
드러나지요. 도척은 사회 일원으로 살아가는 것이 아니라 사회에 기

생하는 존재로 살아가요. 그들이 발휘하는 '의로움'은 자신들에게는 이로운 행위가 될지 모르나 사회 전체로 보면 해로운 결과를 낳지요.

이기적인 것은 그 자체로 문제가 아니에요. 다만 나의 이익을 위해 타인의 이익을 침해할 때 문제가 돼요. 타인에게 해를 끼치지 않는다면 어떤 행동을 해도 무방하잖아요? 반면 제아무리 좋은 의도로 한 일이더라도 남에게 해를 끼친다면 그때는 문제가 돼요. 도척은 이런 고려 없이 도둑 무리 내의 의로움에 대해서만 말하고 있어요.

회사 내의 라인이 지닌 문제도 이와 다르지 않아요. 라인 안에서 보면 아무 문제가 없어요. 그러나 특정 라인이 자신들의 이익 극대화에 집착한 나머지 보다 큰 회사 전체의 이익에 해를 끼칠 때가 문제예요. 그들은 서로를 지키기 위해 의리를 강조하지만 종종 회사 전체에는 손해를 끼치곤 해요."

"라인을 없애는 방법은 없을까요?"

"그게 말처럼 쉽다면 라인 문제가 지속되지는 않겠지요. 저는 굳이 막을 필요는 없다고 생각해요. 사실 막을 수도 없고요. 다만 라인보다 회사가 더 크다는 사실을 지속적으로 인식시킬 필요가 있어요. 필요하다면 경고도 하고 제동을 걸 필요도 있습니다. 그래서 라인을 회사 전체를 위해 기능하도록 조직한다면 오히려 순기능도 있지 않을까 싶어요."

보통 우리가 인맥이라고 할 때는 사내의 라인을 의미하는 경우도 많고, 그래서 직장 내에서 호감을 얻기 위한 방편으로 라인을 활용하기도 한다. 달리 말해 라인이란 사내 인맥을 적극적으로 활용하는 방법 가운데 하나이다. 그런데 신기하게도 김기남 멘토는 라인에 속해본 적도 없고, 라인의 필요성에 대해서 느껴본 적도 없었다. 오직 그에게는 회사를 위한 행동밖에 없었다.

04

자리에 대한 불안감이
전체를 위태롭게 한다

"아까부터 궁금한 게 있습니다. 나의 행동이 회사의 이익에 보탬이 되는지 아닌지는 결과가 나오기 전까지는 알지 못하는 것이 아닐까 그런 의문이 들거든요."

"물론입니다. 나만 옳다고 철석같이 믿고 앞으로 나아가는 것은 독단이에요. 그래서 자세가 중요해요. 그 문제를 해결할 의지가 있는지, 좋은 결과를 만들기 위한 의지가 있는지 그런 점이 중요해요. 많은 사람들이 한정된 자원이 문제의 원인이라고 여기는 경향이 있어요. 그러나 어느 회사가 가질 만큼 갖고 시작하던가요? 오히려 현장에서 더 큰 장벽이 되는 것은 돈이나 시간이 아니라 고정관념이나 게

으름, 자기 이익 문제예요."

문득 떠오르는 장면이 있었다. 하루는 어느 강연회에 참석했다가 'failure', 즉 실패에 대한 이야기를 들은 적이 있다. 강연회가 끝난 뒤 한 참석자가 이런 질문을 던졌다.

"성공한 혁신만 혁신으로 받아들여지는 것 같습니다. 그러나 반드시 결과물을 낳아야만 혁신이라고 할 수 있는 것은 아니지 않습니까?"

그날 강연회의 첫 번째 발표자였던 InnoCatalyst의 김동준 대표가 마이크를 잡았다.

"성공한 사업과 실패한 사업 가운데 어떤 경우가 더 실패가 많을까요? failure를 어떤 시각으로 볼 것인지가 중요합니다. 보르도 TV의 성공 이전에 실패가 없었을까요? 갤럭시S의 성공 이전에 실패가 전혀 없었을까요? 애플도 실패하고, 구글도 실패합니다. 유니클로 CEO 야나이 다다시는 자신의 사업을 '1승 9패'라는 말로 표현합니다. 하나의 성공 작품이 나오기 전에는 수많은 실패가 존재합니다. 문제는 그 프로젝트를 수행하는 사람이나 CEO의 의지입니다. 여기서 그만둘 것인가? 그러면 실패입니다. 더 진행할 것인가? 그러면 아직 실패도 아니고 성공도 아닌 가능성의 상태, 즉 부화 중인 알 상태입니다. 이 알을 품을 것인지 말 것인지는 오로지 어미 닭의 의지에 달린 문제입니다. 물론 이 알이 유정란일지 무정란일지는 아무도 모릅니다. 그래서 의지 혹은 믿음이 필요합니다. 불안하고 두렵고 초조하고 목이 타는 시간을 견뎌야 합니다. ……자, 다시 생각해 봅시다. 실패란 무엇일까요?"

나는 그날의 기억이 떠올라서 김기남 멘토에게 이 얘기를 했다.

"그렇지요. 그런 마음의 자세가 중요합니다. 실패란 객관적으로 존재하는 어떤 것이 아니라 우리 마음의 상태에 불과해요. 섣부르게 포기하지 않는다면, 또한 하고자 하는 의지만 있다면 실패가 아니라는 말이에요.

나아가 설령 목표를 달성하지 못했더라도 그건 실패가 아닙니다. 포기할 마음이 없다면 실패가 아니라는 말이에요.

반면 아직 결과가 나오지도 않았고, 여전히 과정 중에 있는데도 불구하고 어떤 사람들은 '실패'라고 여기거나 그런 소문을 퍼뜨리기도 해요. 저도 별로 기억하고 싶지 않지만 과장 시절에 그런 일을 겪었어요."

……김기남 과장은 신제품 개발이라는 임무를 부여받고 자나 깨나 아이디어 발굴에 골몰했다. 당시는 가라오케에 점수 기능이 도입되어 인기를 구가하던 시절이었다. 그러나 아직 가정용 가라오케에는 점수 기능이 없었다. 찾아보니 전 세계 어느 회사의 상품에도 그런 제품은 없었다. 김기남 과장은 무릎을 쳤다.

'바로 이거다!'

그는 곧 '세계 최초 CDG가라오케 반주기 개발'에 대한 사업 계획서를 작성하고, 기술 개발에 참여할 업체를 물색했다. 신제품 개발은 내부 개발팀이 아닌 외부 개발팀에 아웃소싱하는 방식으로 진행되었다. 이 사업은 아이디어에 대한 평가도 좋았고, '세계 최초'라는 타이틀에도 많은 이목이 집중되었다. 회사에서도 적극적으로 지원했다. 그런데 개발이 끝나갈 무렵 김기남 과장을 바라보는 사람들의 시선이 이상하게 변하고 있었다.

하루는 부하 직원 한 명이 어렵게 입을 뗐다.

"과장님, 그 소문 들으셨어요?"

"무슨 소문?"

"요즘 개발 중인 제품 있으시잖아요?"

부하 직원은 왠지 뜸을 들였다.

"그 제품 때문에 요즘 말이 많답니다."

"무슨 소리야? 책임자인 나도 모르는 얘기가 떠도나?"

"개발부 김 부장이 여기 저기 다니면서 '김기남 과장이 만드는 제품에 하자가 있다.'는 말을 퍼뜨리고 다닌답니다."

"개발부 김 부장님이?"

"예, 얼마 전 타 부서 입사동기가 그러더라고요. 김기남 과장님이 하는 일이 뭔지는 모르겠는데 소문이 참 안 좋다고 하면서……."

소문의 진상인즉, 이번에 김기남 과장이 진두지휘하고 있는 '점수 기능이 추가된 가정용 CDG가라오케'는 노사연의 〈만남〉을 틀어놓고 〈송아지〉를 불러도 팡파르가 울린다는 얘기였다.

이번 제작된 가라오케는 아무리 못 불러도 70점 밑으로는 나오지 않게 세팅을 했다. 그리고 90점이 넘으면 팡파르가 울리도록 만들었다. 그런데 음정 박자가 전혀 다른 노래를 불러도 점수가 90점을 넘는다는 말이었다. 물론 진행 과정에서 얼마든지 벌어질 수 있는 일이었다. 하지만 왜 개발부 김 부장님은 내게 직접 얘기하지 않았던 것일까? 김기남 과장은 그게 궁금했다.

김기남 과장은 이 문제가 해결 불가능한 일이라고는 생각지 않았다. 곧 아웃소싱 업체 담당자에게 전화를 걸어 이 문제가 사실인지, 해결 방안은 없는지 확인해 달라고 요청했다.

그 사이 회의가 소집되었다. 소문으로만 돌던 그 얘기가 회의 자리에서 언급되었다.

"아니, 김 과장, 요즘 개발 중인 제품 이상 없겠어? 문제가 많다고 그러던데? 아무리 점수가 후한 가라오케라지만 그래도 〈만남〉을 틀어놓고 〈송아지〉를 부르는데 팡파르가 울리는 경우가 어디 있나?"

"없는 기술을 새로 만드는 거라면 몰라도, 단순히 기술을 이식하는 데도 이런 문제가 있다는 건 좀 납득이 안 되는데?"

"이 제품의 개발을 담당한 업체가 어디지? 기술력은 갖고 있는 곳인가?”

　김기남 과장은 아무 말도 할 수 없었다. 부장들의 질문은 단순히 문제를 해결하라는 데 그치지 않았고, 혹시 개발 업체를 선정하면서 리베이트를 챙긴 것은 아닌지 의심하는 형태로 바뀌어갔다. 소문은 단순히 '신제품에 하자 있다'가 아니라 '김 과장이 문제가 많은 사람'이라는 식으로 확대되었다.

　김기남 과장은 책상으로 돌아왔다. 그는 당면한 문제를 다시 짚어보았다.

　'아무도 말을 하지 않지만 분명 나를 의심하고 있는 게 분명해. 그래서 더더욱 말을 꺼내기가 조심스러워. 내가 먼저 저는 결백합니다 하고 말하면 사람들은 의심을 굳힐지도 몰라. 지금 할 수 있는 건 무얼까? 빨리 팡파르 문제를 해결하고, 결과물을 내놓는 수밖에 없어.'

　그렇게 한참을 생각에 잠겨 있을 때 김기남 과장에게 전화가 걸려왔다. 아웃소싱 업체 담당자였다.

　“문제를 찾았습니다.”

　담당자는 '이런 간단한 데서 실수를 저질러서 죄송하다'며 밝은 목소리로 말했다. 설명을 들어보니 조금만 들여다보면 답을 찾을 수 있는 '초보적인 실수'였다. 김기남 과장은 곧 아웃소싱 업체를 찾아가 〈만남〉을 틀어놓고 〈송아지〉를 불러보았다. 팡파르는 울리지 않았다.

　다행히 신제품은 출시시기를 놓치지 않고 시장에 내보낼 수 있었다. 기대했던 대로 시장 반응은 뜨거웠다. 없어서 못 팔 만큼 주문이 쇄도했다. 정리 회의 시간이 되었다. 김기남 과장을 포함한 관련 부서 부장들이 모였다. 부장들은 아무 일도 없었다는 듯 칭찬을 늘어놓았다. 그 자리에는 소문의 진원지였던 개발부 김 부장도 배석했다. 부장들의 발언이 끝날 무렵, 김기남 과장이 입을 열었다.

"먼저 개발 과정에서 이상 현상을 점검하지 못하고 본의 아니게 걱정을 끼쳐드린 점은 죄송스럽게 생각합니다. 그런데 김 부장님께 궁금한 점이 있습니다. 부장님이 계시는 개발부에서 이 제품을 검토하는 과정에서 팡파르가 제멋대로 울리는 이상 현상을 발견한 것으로 압니다. 부장님은 팡파르 이상이 발견되었을 때 과연 무엇을 하셨습니까?"

김 부장은 꿀 먹은 벙어리마냥 아무 말도 하지 못했다. 김기남 과장이 말을 이었다.

"우리는 같은 팀입니다. 신제품 사업은 제 개인의 명예나 이익을 걸고 하는 일이 아닙니다. 작게는 전자사업부, 넓게는 회사 전체의 문제입니다. 개발부도 전자사업부의 식구입니다. 너 나 없이 달려들어 문제 해결에 총력을 쏟아도 시원찮을 판에 왜 아무것도 하지 않으셨나요? 그리고 그런 일이 있었다면 최소한 책임자인 저에게 먼저 언질을 주시는 것이 도리가 아니었을까 생각합니다."

회의실이 정적에 휩싸인 가운데 김 부장의 헛기침 소리만이 작게 들렸다. 회의는 종료되었고, 얼마 뒤 김 부장은 사표를 냈다.

……김기남 멘토는 당시의 일을 씁쓸하게 기억하고 있었다. 그가 원했던 것은 사표가 아니었다. 함께 힘을 모아 열심히 일하는 회사를 만드는 게 중요하다는 사실을 납득시키고 싶었다. 하지만 김 부장은 이를 거부했다. 그는 아웃소싱을 하는 김기남 과장의 프로젝트가 사내 개발부의 자기 자리를 위협한다고 느꼈다. 김기남은 그럴 생각도 없었고, 도리어 사내 개발부와 외부 개발팀이 발전적인 경쟁 관계를 가지면 좋을 것이라고 판단하고 있었다. 그래서 김 부장의 사표가 김기남 멘토를 더욱 씁쓸하게 만들었다.

"사실, 기대했던 결과가 나와서 다행이었지, 누가 그 결과를 확신할 수 있나요? 새로운 제품이 나올 때는 누구나 떨리고 누구나 긴장합니다. 불안하니까 이상은 없는지 마지막까지 점검하고 또 점검하게 되거든요. 그런 순간에 누군가 이간질을 하거나 '이건 안 돼.' 하며 부정적으로 말하면 사기가 뚝 떨어지게 돼요. 마치 실패가 확정되어 있는 것처럼 떠들고 다녀서 분위기를 망쳐요. 그건 매우 위험한 일이에요. 결과가 나오기 전까지는 아직 끝난 것이 아니라는 생각으로 일에 임하는 것이 그래서 중요합니다."

실패란 무엇일까?

의지를 갖고 계속 도전하는 자에게는 실패란 존재하지 않는다. 함께 만들어가고자 하는 사람에게는 실패란 그저 과정에 지나지 않는다. 그러나 자기의 위치에 대한 불안감에 사로잡힌 나머지 팀워크와 동료를 부정적인 시선으로 바라보는 그런 사람의 마음에 실패는 깃들인다. 그는 타인이 안 되기를 바라면서 부정적인 바이러스를 퍼뜨린다.

멘토는 이렇게 덧붙인다. '자기 이익을 지키는 데 급급한 사람들이 타인을 음해하는 경우가 더러 있다. 그래서 더더욱 사심 없이 일하는 태도가 중요하다.'

05

리더의 탄생

조직의 이익을 위해 일한다는 것. 김기남 멘토는 이를 '희생'이라고 부른다. 그는 자신에게 주어진 시간들을 회사를 위해 기꺼이 바쳐왔다.

그는 평생을 제조업체에서 근무했다. 제조업체는 불량과의 전쟁이 벌어지는 곳이다. 신입 시절, 회사는 신입사원들이 현장 감각을 익힐 수 있도록 제조 라인에 한 명씩 배치하여 실제 제조 과정이 어떻게 이루어지는지 알도록 했다. 신입사원 김기남 역시 하나의 라인에 배정되었고, 매일 매일 라인이 잘 가동되는지 파악했다. 그러다 불량품이 나오는 날이면 그는 현장으로 달려가서 박스를 깔아 놓고 잠을 청하면서까지 불량품 줄이기에 매진했다. 불량 문제가 해결될 때까지 귀가를 포기한 것이다. 몇날 며칠을 그렇게 생활했는지 모른다. 그러나 어쨌든 그 덕분에 그가 맡은 라인은 늘 불량률이 제일 낮았다.

회사를 위해 일한다는 말은 단순히 회사의 소유자, 혹은 사장에게 잘 보인다는 말이 아니다. 회사와 관련된 모든 사람을 위해 일한다는 뜻이다. 그는 식당 아주머니, 청소 아주머니에게 늘 깍듯이 인사했는데 이는 그들을 회사의 선배이자 일원으로 받아들였기 때문이다. 회사를 다니는 사람이라면 그는 한 사람도 홀대하지 않았다. 모두 힘을 모아 함께 회사를 일구는 동료이자 또 하나의 나였기 때문이다.

한번은 서울대 출신이 부하직원으로 들어온 적이 있었다. 보아 하니 자기 잘난 맛이 참 강해 보였다. 하루는 김기남 과장이 회의석상에서 말을 꺼냈다.

"자네, 노가다 십장이 무슨 과 출신인 줄 아는가?"

서울대 출신의 부하직원이 눈을 동그랗게 뜬다.

"네? 노가다 십장이요?"

"그래, 노가다 십장. 토목과 출신일까, 건축과 출신일까?"

그 부하직원은 갈수록 모르겠다는 표정이다.

"헷갈리지, 헷갈릴 거야. 노가다 십장이 어디 출신이겠나, 노가다 출신이지."

그러면서 김기남 과장은 그에게 노가다 십장론을 펼쳤다.

"노가다 하는 분들은 다른 사람의 말은 절대 안 듣는다네. 노가다 십장의 말만 듣지. 십장은 노가다 출신이니까 자기들을 잘 이해하고 있어. 토목과 출신의 십장이 와서 '내 말 들어라' 해도 꿈쩍도 안 해. 그 세계가 유난해서 그런 게 아니야. 자기를 알아주는 사람을 위해서 일을 하는 게 인지상정이라고. 그들을 누가 알아주나? 노가다 십장 아닌가."

서울대 부하직원은 발갛게 달아오른 얼굴로 '예, 알겠습니다.' 하고 말했다.

김기남 과장이 그에게 해주고 싶었던 얘기는 '만일 네가 이 조직에서 인정받고 싶다면 바닥에서부터 익히라'는 것이었다.

회사는 그런 사람을 주목하고 인정한다. 당연히 회사 일을 자기 일처럼 살피고 돌보는 사람을 우대하기 마련이다.

하루는 사원이 이사를 해서 김기남 과장이 도와주러 간 적이 있었다. 마침 그 자리에는 총각 사원의 여자 친구가 함께 따라왔다. 그런데 그 아가씨가 김기남 과장에게 불만이 있었던 모양이다.

"과장님, 너무 일만 시키시는 것 아니에요. 주말도 없이 일하는 통에 데이트할 시간도 없어요."

그 자리에서 가장 직위가 높았던 사람은 김기남 과장이었다. 자리에 함께 있던 부하직원들이 안절부절못했다. 김기남 과장이 말했다.

"허허, 물론 저는 주말 없이 일을 하는 사람이 맞습니다만, 그러나 부하직원들에게 주말도 반납하고 일하라고 한 적은 없습니다. 그것은 본인이 선택하는 문제지요. 그러나 본인이 임원을 목표로 일을 하고 있다면 그만큼 자기 시간을 희생해 가며 열심히 해야 합니다. 또한 그 희생에는 가족의 희생도 포함될 수밖에 없을 겁니다."

　회사와 희생. 모든 직원이 다 자신을 희생해 가며 회사를 위해 일할 수는 없는 법이다. 그러나 만일 목표가 남다르다면 남들과 똑같이 해서는 안 된다. 남을 밟아서 올라가야 한다는 뜻이 아니고, 남들과의 경쟁에서 승리해야 한다는 말도 아니다. 회사 전체를 위해 일한다는 마음이 필요하다. 나 개인의 출세를 도모하는 것이 아니라 회사의 발전을 추구할 때 한 개인의 출세는 뒤따른다. 높은 자리로 올라갈수록 책임져야 하는 식구가 많아지는데 과연 자기희생 없이 그런 일을 감당할 수 있을까. 사장은, 인사팀은, 세상은 아무에게나 높은 자리를 떡하니 맡길까? 누군가의 지지를 받고 신뢰를 받지 못하는 사람이 리더가 될 수 있을까? 아무도 그 사람과 일하고 싶은 마음이 들지 않는다면 그는 인맥을 넓힐 수 있을까?

'나' 브랜드가
인맥을 만든다

"인맥에 대해서 제가 잘못 생각해온 모양입니다."
"아닙니다. 모두 우리 선배들이 잘못 알려주었던 것이죠."

01

당신의 이름을
브랜드로 만들어라

인맥 멘토에게 배운 지 벌써 다섯 달이 지나가고 있었다. 나는 여기에 기록한 것보다 더 많은 이야기를 들었지만 전부 받아들이지는 못하고 있었다. 다섯 번째 만남은 그래서 예전 이야기의 되풀이가 많았다. 다시 묻고 싶었고, 다시 듣고 싶었다. 그리고 돌아오는 길에 그간 이해되지 않았던 가르침까지 함께 정리해 보기로 마음먹었다. 가장 먼저 생각나는 멘토의 말은 이것이었다.

"살면서 특별히 막히는 일이 없었습니다."

김기남 멘토는 지난 삶을 돌이키며 이렇게 말하곤 했다. 처음 그 말을 들었을 때 떠오른 생각은 '인맥이 그렇게 좋으니 별 굴곡 없이 승

승장구하셨겠지.' 뭐, 그런 생각이었다. 하지만 이제 그런 의미가 아니라는 것을 안다.

평범한 영업부 직원이, 직원 280여 명의 코스닥 상장기업 부사장에 오를 수 있는 확률은 생각보다 높지 않다. 바닥에서 출발한 회사를 불과 8년 사이에 700억 매출을 바라보는 회사로 만들 수 있는 사람도 생각보다 많지 않다.

처음 나는 멘토가 인맥의 힘으로 오늘에 이르렀을 것이라고 생각했다. 그러나 나는 이제 안다, 인맥이 전부가 아니었다는 사실을. 그에게는 1만 명의 인맥이 있었고, 분명 그들이 회사의 성장에 큰 힘이 되었던 것은 사실이지만 그 이면에는 멘토 자신의 부단한 노력이 있었다.

우리는 인맥이 가진 힘이 어디까지인지, 인맥의 한계가 무엇인지 잘 모른다. 가져본 적이 없으니 알 수도 없다. 그래서 종종 인맥을 만병통치약처럼 여기는 경향이 있다.

그런데 이런 걸 한번 생각해 보자. 여기 황무지가 있다. 바람 한 점 불지 않고, 풀 한 포기 나지 않는 끔찍한 땅이 있다. 수천 년 동안 흙먼지 외에는 아무도 다녀간 흔적이 없던 땅이 있다. 이곳에 비가 내린다면 어떨까? 과연 풀과 나무가 자랄 수 있을까?

준비가 되어 있지 않은 황무지는 결코 꽃을 피우지 못한다. 비가 내려도 햇볕이 내리쬐도 씨앗을 품고 있지 못하면 싹 하나도 자라지 못한다.

이때 내리는 비, 이때 내리쬐는 햇볕이 바로 인맥이다. 인맥이 아무리 많아도 내가 씨앗을 품고 있지 않으면 그때의 인맥은 무용지물이다.

나는 다시 한 번 김기남 멘토의 말을 상기한다.

"특별히 막히는 게 없었습니다."

막히는 일이 없었다는 얘기를 그는 이렇게 풀이한다.

"기본적인 일은 스스로 해결해야 합니다. 진심과 정성을 다해 영업을 해야 합니다. 씨엔플러스(멘토가 부사장으로 있는 회사) 초기에는 거래처가 없었습니다. 발로 뛰어 다녔습니다. 시장은 호락호락하지 않았습니다. 그래도 저는 실망하지 않았습니다. 저에게는 안 된다는 생각이 없었습니다. 다만 시간이 조금 더 걸릴 뿐이라는 생각으로 거래처를 뚫기 위해 노력했습니다. 우리는 제품에 자신이 있었습니다."

커넥터 부품 기업 씨엔플러스는 당시 시장의 검증을 받지 못한 신생회사였다. 더 이상 태광산업의 후광을 기대할 수도 없었다. 김기남에 대한 회사의 기대치는 높았다. 그 역시 회사가 자신을 영입한 이유를 잘 알고 있었다. 그때 인맥이 힘을 발휘했다.

"경쟁력은 기본입니다. 경쟁력이 없는 회사는 영업의 신이 와도 대책이 없습니다. 어떤 식으로든 경쟁력을 갖춘 회사들이 거래처를 뚫기 위해 경쟁을 벌이는 것입니다. 그런데 대기업 입장에서 보면 우리 회사가 어떻게 보일까요? 수많은 중소기업체 가운데 하나입니다. '이런 보석이 숨어 있었다니' 하면서 먼저 알아봐주는 사람은 단 한 명도 없습니다. 중소기업체가 대기업과 거래를 하려고 분주하듯이 대기업은 또 그들 나름으로 시장 점유율을 높이기 위해 애를 씁니다. 서로 시간이 없습니다. 일부러 시간을 내서 어떤 유망 중소기업체가 있는지, 그곳이 지속적으로 거래를 할 만한 곳인지 일일이 확인하러 다니는 대기업은 없습니다. 그러니 이제 막 사업을 시작한 신생업체가 제품을 소개할 기회를 포착하기란 하늘의 별 따기지요."

그러나 대기업에 아는 사람이 있다면 얘기는 달라진다. 그 최소한의 기회, 즉 제품을 소개할 기회를 얻을 수 있기 때문이다. 대기업은 이렇게 말한다.

"그렇다면 한번 검토해 봅시다."

이 말 한 번 듣기가 그렇게 힘들다는 말이다. 겉치레로 하는 인사말이 아니라 액면 그대로 '검토'를 할 수 있는 상황에 이르기까지는 참으로 힘든 일이다. 경쟁력 있는 제품이라도 '소개하기'까지는 커다란 벽이 있다. 그러나 김기남은 이렇게 한 곳씩 거래를 뚫었다. 그의 인맥이 다리를 놔주었다. 그가 몸담고 있는 회사를 보고 다리를 놔준 게 아니라 김기남이라는 세 글자를 믿고 다리를 놔주었다.

중소기업체 사장이 영업자에게 말한다. '대기업에 가서 협상이라도 해봐라. 그 사업 관련 핵심 인사를 잘 구슬려봐라.' 가끔 일면식도 없던 대기업체 인사를 찾아가서 거래를 뚫었다는 얘기들이 있다. 자기개발서나 성공 스토리에 전설처럼 전해지는 이야기들이다. 그러나 그 한 명의 특출한 영업자 이전에 얼마나 많은 사람들이 대기업의 문을 두드렸는지 사람들은 간과하는 것 같다.

사람들은 종종 영업력 혹은 추진력을 영화의 한 장면처럼 여기는 경향이 있다. 최고의 협상력을 지녔고, 카리스마 넘치고, 상대의 심리를 꿰뚫고 있고, 친화력도 갖고 있으며, 말로 상대를 구슬릴 수 있는 놀라운 능력도 지니고 있는 어떤 사람이 일면식도 없는 대기업체 회의석상에 들어가서 회의에 참석한 모든 사람들을 한 방에 매료시키고 일을 성사시키는 모습 말이다.

물론 이 정도의 낭만적인 이야기에 코웃음을 쳐야 정상이다. 그러나 나를 포함해서 여전히 많은 사람들이 낭만에 사로잡혀 있는 것이 아닌지 모르겠다. 난데없이 하늘에서 뚝 떨어지는 협상의 천재란 없듯이, 일은 갑자기 잘 풀리는 것이 아니라 오랜 시간에 걸쳐 서서히 풀리는 것이다. 점을 보면 중년 이후의 운이 좋다고 나오는 사람들이 있다. 이 사람들의 특징이 시간을 길게 보고 조금씩 인맥을 만들어가는 사람들이다. 이런 사람들은 절대 성급하지 않다. 회사는 사라질 수 있지만 사람은 사라지지 않는다는 사실을 잘 알고 있으며, 따라서 회사를 보고 사람을 사귀는 것이 아니라 사람을 보고 그와 친분을 다져간다. 우리가 사람을 사귀는 방식, 그러나 자주 실패하는 그런 방식과는 조금 다르다.

예컨대 우리는 살다보면 친하게 지내고 싶은 사람을 한 명쯤 만나기 마련이다. 배경이 좋고, 파워가 있는 사람을 만난다. 대기업에서 손꼽히는 인재이거나 혹은 잘 나가는 부장을 만나면 어떻게든 친분을 맺어 관계를 돈독히 만들고 싶어진다. 그런데 우리가 사귀고 싶은 것은 그 사람 자체보다는 대기업이라는 배경인 경우가 흔하다. 최소한 나는 그랬다고 고백한다. 사람보다는 배경을 더 보았다. 만일 배경이 아니라 사람을 보고 만났다면 나는 김기남 멘토처럼 인맥을 제대로 쌓아왔을지 모른다.

우리는 종종 이런 얘기를 듣는다. 대기업에 다니던 사람이 퇴사하고 개인 사업을 시작했는데 예전에 알던 지인들이 외면하더라는 얘기 말이다. 대기업에 몸담고 있을 때는 만나자는 사람이 줄을 섰다. 그러나 대기업에서 나오는 순간 그 사람의 가치가 바닥으로 떨어진다. 이 무슨 조화인가? 사람들은 그를 사귄 것이 아니라, 그 배경에 더 관심이 많았다.

김기남 멘토 역시 사람을 뽑으면서 종종 이런 경험을 겪었다고 말했다. 발이 넓다, 인맥이 좋다고 해서 영업자로 뽑았는데 이 회사에 들어오고 난 뒤에는 아무도 그를 거들떠보지 않는다. 사람들은 자기 인맥이 진짜 인맥인지 잘 구분하지 못한다. 내 배경이 달라져도 지속되는 인맥인지 잘 모른다. 그래서 개인 사업을 하거나 작은 곳으로 옮긴 뒤에 뒤통수를 맞는 경우가 생긴다. 나는 그를 아는데 그는 나를 모르는 그런 이상한 경험을 하게 된다. 인맥이란, 내 배경이 없어진 이후에도 그가 나를 반겨 맞이하는 상태를 뜻한다. 회사 이름이 그 사람을 보증해주는 것이 아니라 그 이름 자체가 그 사람을 보증해주는 상태가 바로 '인맥'이라는 말이다.

이를 달리 말하면 이름이 곧 브랜드인 사람이 인맥을 잘 맺는다는 말이 된다. 예컨대 김기남이라는 이름은 이미 하나의 브랜드이다. 그가 태광산업에 있건 씨엔플러스에 있건 그리 중요하지 않다. 그리고 그런 사람들이 진정한 인맥을 쌓아간다. 이름이 브랜드가 되었기 때문에 실제로 그가 몸담고 있는 회사는 중요하지 않을 때가 많다. 그게 내가 멘토에게 배운 인맥의 현실적인 의미이자, 내가 추구해야 할 인맥의 모습이었다.

02

인맥과 마당발은
다르다

나는 김기남 멘토가 말하는 인맥의 의미를 조금 더 부각시키기 위해 우리가 흔히 인맥과 혼동하는 개념들을 대비시켜보았다.

첫째, 인맥의 달인은 마당발과 다르다

아는 사람이 많다는 것만으로는 인맥이라고 할 수 없다. 마당발은 주로 연락의 중심이 되지만 인맥의 달인은 일의 중심이 된다. 예컨대 어느 동호회가 이웃돕기에 나선다고 할 때, '이웃돕기'라는 행위를 실행하는 사람은 인맥의 달인이 되고, 동호회 회원들에게 이 사실을 알리는 사람은 마당발이 된다. 한마디로 인맥의 달인이 내뱉는 말에는 신뢰가 있다는 뜻이다.

둘째, 인맥은 권력과 다르다

일의 중심이라면 권력자를 생각하기 쉽다. 보통 힘이 있거나 돈이 있는 사람 주위에 사람이 들끓기 때문이다. 그러나 권좌에서 내려오거나 부를 잃었을 때도 유지되는 인맥인지 생각해 보면 인맥과 권력은 다르다는 점을 알 수 있다. 공자에게는 아무런 권력이 없었으나 그에게는 수많은 제자가 따랐다. 공자를 오늘날 무관의 제왕이라고 부르는 이유이다. 자기 힘으로 권력을 차지한 사람은 대개 덕을 함께 갖추고 있지만, 2세는 다르다. 그들은 자리는 물려받았지만 덕까지 함께 받지 못하는 경우가 많다. 물론 나는 권력의 근거가 되는 개개인의 능력을 비하할 생각은 없다. 능력은 덕의 일부가 되기 때문이다. 하지만 능력 자체가 사람을 끌어 모으는 역할을 하지 않는다.

셋째, 인맥은 우정과 다르다

우정을 폄하할 생각은 없다. 어쩌면 우정이 인맥보다 더 높은 가치일지도 모른다. 우정과 인맥이 갈리는 가장 큰 차이는 '일'이다. 우정을 지속하기 위해서는 친구와 동업해서는 안 된다는 어르신들의 충고를 상기하자. 내가 아는 어떤 분이 이런 얘기를 한 적이 있다.

"만일 사업을 하던 친구가 어려움에 빠져 나를 찾아오게 되면 저는 사업 자금을 빌려줄 생각이 전혀 없습니다. 대신 그의 아내와 자식이 먹고 살 수 있도록 도와주어야겠지요. 친구를 못 믿는 것이 아니라 그의 판단을 믿지 못하는 것입니다."

반면 인맥에는 일을 함께 도모한다는 의미가 숨어 있다. 그런 의미에서 인맥은 우정보다 순수성이 떨어질지 모른다. 하지만 일 없이는 삶도 없으므로 그에 맞게 최적화된 인간관계가 인맥이라고 할 수 있다.

또한 인맥은 사람을 모이게 한다는 점에서 대중연설가나 파워블로거, 혹은 정치인이나 영업사원과 흡사한 부분이 있을지 모른다. 그러나 이들이 대중의 입맛에 맞게 이야기를 풀어가는 데 반해, 인맥의 달인에게는 일반인이 접근하기 어려운 엄격성도 있다. 인맥의 달인은 대중적인 인기를 염두에 두지 않는다. 인맥의 달인이 추구하는 목표는 삶의 동행이요, 윈윈의 완성이다. 그러니 어찌 상대의 입맛에만 맞게 이야기를 풀어가려고 하겠는가.

03

인맥이란
일과 사람 사이의
균형을 추구하는 것

    김기남 멘토는 생활 속에서 인맥을 맺어오고 실천해 왔기 때문에 학문적인 의미, 순수한 의미의 교우가 아니라 '일과 결합된 형태의 인간관계'를 추구해 온 것 같다. 말하자면 일과 우정 사이의 어느 한 점, 혹은 일과 우정을 함께 아우르는 어떤 것을 '인맥'이라고 부를 수 있다는 뜻이다. 즉 김기남 멘토가 생각하는 인맥은 이렇게 정의할 수 있다.

    "인맥이란 일 속에서 만난 사람을 친구처럼 대하고, 생활 속에서 인연이 닿아 사귀기 시작한 사람을 함께 일을 도모하는 관계로 발전시키는 것이다."

일만 잘하면 된다고 여기는 하나의 극단과, 사람만 많이 알면 끝이라는 극단 사이에서 양단의 치우침을 피하고 둘 사이의 균형을 찾는 것이 현실 속에서 우리가 취할 수 있는 가장 바람직한 인맥 쌓기의 지향점인 것 같다.

인맥의 달인이 되기 위해서는 우선 자신의 한계를 파악하고, 타인이 가진 능력을 살펴야 하며, 서로 다른 능력을 가진 사람들이 힘을 모았을 때 어떤 시너지 효과가 탄생할지, 나아가 어떤 결과물을 얻을 수 있을지 판단할 수 있어야 한다. 내가 취하는 이익도 중요하지만 나의 이익은 언제나 우리의 이익 가운데서 얻어지는 것이지 결코 나의 이익이 궁극의 목적이 되어서는 안 된다. 역설적인 표현이지만 '내가 중심이라는 생각 없이 중심이 되어 일을 이끌고 가는 것'이 인맥을 만드는 가장 좋은 방법이 아닐까 싶다.

실제로 김기남 멘토는 영업사원으로 사회생활을 시작하여 늘 부서 간의 시너지 효과에 깊은 관심을 기울였다. 영업이란 각 부서의 능력이 한 곳으로 집중되어 탄생한 상품을 파는 행위이기 때문이다. 김기남 멘토는 영업을 시너지라고 여기고 있었기 때문에 자연스럽게 서로 다른 능력을 가진 사람들을 조화시키고 끌어들여서 사업을 키우는 데 관심을 기울인 것으로 보인다. 보다 큰 가치는 나 홀로 매진했을 때가 아니라 힘을 합쳤을 때 만들 수 있으며, 따라서 김기남 멘토는 자신의 역할을 '조화'에 맞추었던 것인지 모른다. 주어진 바둑알은 정해져 있고, 이것을 어떻게 놓아야 가장 강력한 힘을 발휘할 수 있는지 말이다. 그런 사고방식은 단순히 사내의 힘을 모으는 데 국한되지 않고 회사 바깥으로도 확장되었다. 그래서 스카우트에도 힘을 쏟았고, 타사와의 협력 관계에도 관심을 기울였다.

국내의 수많은 제조업체가 그렇듯이 태광산업 전자사업부도 타사 제품을 OEM 방식으로 제조하던 시절이 있었다. 상대는 도시바였다. 그러나 OEM에는 한계가 있었다. 도시바로서는 불리할 게 없는 게임이었다. 수가 틀어지면 언제든지 거래 중단을 선언할 수 있는 갑의 입장이 아닌가. 가격이나 품질 면에서 태광산업보다 경쟁력이 뛰어난 업체가 등장하면 거래는 끝난다. OEM 생산량에 맞춰 설비를 갖춰놓고 인력을 투입했는데 하루아침에 가동이 중단되면 어떻게 하는가? 을의 입장은 마치 바람 앞의 촛불처럼 장래가 불투명하다.

김기남 과장은 곧 LG전자 오디오사업부를 찾아가서 이렇게 제안했다.

"태광산업이 미니콤포넌트를 만들고 LG가 판매하면 어떻겠습니까?"

당시 LG로서는 구미가 당기는 제안이었다. 당시 태광산업의 기술력은 국내에서 인정을 받았기 때문이다. 그러나 판매망은 LG가 더 좋았다. 양사의 윈윈 작전이었다. LG는 이 제안을 받아들였다. 그것도 흔쾌히 말이다.

이 짧은 얘기에서 주목해야 할 점은 김기남 과장에 대한 당시 업계의 인식이다. 김기남 과장은 영업사원 출신이고, 당시 업계에서는 유명한 영업통이었다. 그런 김기남이 LG의 유통망을 활용하겠다고 찾아왔을 때는 어쩌면 LG 담당자로서도 뜻밖의 상황으로 받아들였을지 모른다.

하지만 영업사원 출신 같지 않았던 영업통 김기남에게 이 제안은 별다른 의미는 없었다. 그는 일을 도모해야 할 입장이었고, 전자사업부의 미래를 걱정해야 했다. 경쟁 관계? 이익에 따른 이합집산? 하나는 잘하지만 다른 하나는 부족한 업체끼리 경쟁하고 다투는 것이 바람직한 일일까? 아니면 서로의 약점을 보강할 수 있는 방식, 혹은 서로의 강점을 최대한 발휘할 수 있는 방식을 택하는 것이 좋은 방법일까? 그게 인맥을 쌓아왔던 김기남의 방식이었다. 그리고 자연스럽게 김기남은 LG 직원 100명과 친분을 맺게 되었다. 그에게는 적군이 아니라 언제든지 힘을 합칠 수 있는 인맥이 되었다.

04
큰 물고기에게는
큰물이 필요하다

날카로운 송곳을 주머니에 넣어서는 안 된다. 송곳이 주머니를 뚫고 나오기 때문이다. 뛰어난 재능은 감추기 어렵다. 송곳처럼 자기 모습을 드러낸다.

인맥은 재능과 별개가 아니다. 물론 그 역은 성립하지 않는다. 재능이 있다고 아무나 인맥을 가질 수는 없다. 그럼에도 인맥은 재능에서 출발해야 한다. 이때 재능은 타고난 재능이 아니다. 아무짝에도 쓸모없는 재능이 아니라 현장에서 꾸준히 쓰여지며 순간마다 개발되고 발전하는 재능이다. 천재성은 중요하지 않다. 사람들의 눈에는 도리어 재능이라기보다 성실함이나 도전정신처럼 자세나 태도처럼 보인다. 다만 진지함만은 고수되어야 한다. 그 재능은 성과를 뒤따르게 하고, 사람들의 신뢰를 얻는다. 어떤 일은 한두 달 사이에 성과를 올리기도 하고 어떤 일은 1~2년이 걸리기도 한다. 그러나 신뢰만큼은 결코 단기간에 성취되지 않는다. 프로야구 선수도 1~2년은 반짝 성적을 거둘 수 있다. 그러나 스즈키 이치로나 앨버트 푸홀스처럼 10년 넘게 꾸준히 성적을 올리는 선수는 드물다.

하루는 일본의 프로야구 선수 스즈키 이치로가 3안타를 몰아치고 팀도 승리했는데 표정이 안 좋았다. 이를 이상히 여긴 기자가 물었다.

"이치로 씨, 오늘 3안타도 치고, 팀이 승리하는 데도 일조했는데 기쁘지 않으신가요?"

"물론 팀이 이겼으니 기분은 좋습니다. 하지만 제가 3안타를 친 것은 운이 좋았기 때문이지 제 타격 밸런스가 좋았기 때문은 아닙니다. 그래서 생각만큼 기쁘지는 않습니다."

이치로가 중시하는 것은 안타 자체가 아니라 타격 자세이다. 잘 맞은 타구가 야수 정면으로 향하거나 상대의 호수비에 막혀 아웃이 되는 경우도 흔하다. 반면 텍사스안타처럼 빗맞은 타구가 수비하기 애매한 곳에 툭 떨어져 안타가 되는 경우도 종종 벌어진다. 안타에는 인간의 힘이 미치지 못하는 불가항력적인 것이 있다. 반면 타격 밸런스는 관리가 가능한 영역이다. 꾸준히 훈련에 매진하고, 정신을 한곳에 집중하고, 마음을 차분히 하면 좋은 타격 폼을 장시간 지켜나갈 수 있다. 스즈키 이치로는 좋은 타격 폼을 유지하는 것이 장기간 좋은 성적을 유지하는 비법임을 잘 알고 있다. 그래서 일희일비하지 않게 되고, 한두 번의 병살타에 기죽지 않는다. 이치로는 미국 메이저리그베이스볼 역사상 처음으로 10년 연속 200안타의 신기원을 이룩했다.

이치로가 재능을 타고난 선수라고 생각하는가? 물론 사람이므로 어느 정도의 운동신경은 타고났을 것이다. 그러나 오늘의 이치로를 만든 것은 그의 야구를 대하는 태도와 평소의 노력이다. 그는 한두 해 성적이 좋았더라도 샴페인을 터뜨리지 않고, 그에 따른 부와 명예를 누리려고 하지 않는다. 이런 점은 메이저리그의 또 한 명의 스타 앨버트 푸홀스도 예외는 아니다. 그는 10년 연속 3할 타율에 30홈런, 100타점을 기록했다.

인맥에는 재능에 더하여 꾸준함이라는 덕목이 요구된다. 물론 한두 번의 작은 실패도 용납지 않는다는 말이 아니다. 다만 한두 번의 방심이 더 큰 문제가 된다. 방심을 내보인 사람은 그 한 번의 방심으로 말미암아 신뢰에 큰 타격을 입게 된다.

이처럼 재능에 신뢰가 더하여 그에 대한 믿음이 생기고 비로소 그와 함께 일을 도모하거나 일을 맡기고 싶은 마음이 일어난다. 성과가 중요한 것은 사실이지만 성과를 바라보는 관점은 조금 다르다. 만일 원하는 만큼 성과를 얻을 수 없을지라도 그 시도와 노력이 충분히 조직에 값어치 있는 도전이었다면, 조직에게 이 도전은 금전적으로는 실이 될지 모르지만 경험적인 의미에서 득이 된다. 문제는 이 도전을 다음 도전의 발판으로 삼느냐, 삼지 못하느냐일 뿐이다.

김기남은 실패조차도 별로 없던 사람이다. 그의 특별한 재능 덕분이 아니라 특별한 태도 때문이었다. 그는 일이 무르익을 때까지 기다릴 줄 알며, 또한 그 사이에 자신이 무엇을 해야 하는지 잘 아는 사람이었다. 현재의 한계를 직시하고 그 한계를 넘어서는 성과를 올리기까지 자신에게 필요한 일을 준비하는 사람이었다. 하루는 태광산업 임원 한 분이 김기남을 불렀다.

"어서 오게."

"부르셨습니까?"

임원은 가벼운 얘기로 대화를 이끌고 가다가 이렇게 말했다.

"사업을 하는 친구가 한 명 있는데 말이야. 자네가 가서 도와주면 어떨까 싶어서."

이런 제안을 한 데에는 한 가지 중요한 배경이 있었다. 태광산업 전자사업부는 오디오 전문분야인데 컴퓨터나 MP3 등이 오디오 시장을 잠식하고 있었기 때문이다.

그 임원 역시 이런 상황을 누구보다 잘 알고 있었다. 그럼에도 그가 김기남을 다른 회사에 소개해준 이유는 김기남에게 날개를 달아주고 싶었기 때문이다. 하지만 그래도 이해되지 않는 점이 있다. 능력 있는 직원을 다른 회사로 보낸다? 임원이라면 회사 내에서 차지하는 위치가 있는데 과연 중요한 인재를 다른 회사에 소개해주는 것이 바람직한 일이었을까? 혹은 사업을 시작했다는 그 친구와의 우정이 더 소중했던 것일까?

이 모든 의혹이 한마디로 납득되기는 힘들다. 그러나 최종 목적지에 다다라가는 거대한 어선의 직원으로 있는 것보다는 이제 막 출발하려는 작은 어선의 임원이 되는 게 낫다고 판단한 것은 아닐까? 그때 자신의 재능을 더욱 잘 드러낼 수 있는 사람이 있기 마련이 아닌가?

아마도 태광산업 임원은 김기남을 '더 클 수 있는 물고기'로 본 것이 아니었을까? 그런 물고기에게는 큰물이 필요하다. 그래서 그를 다른 회사로 보내려고 했던 것이 아닌지 모른다.

"그 친구가 나이가 많으니 아마도 다음 사장은 자네가 해야 할 것 같은데……"

그렇게 이야기가 정리된 후 김기남은 자리를 옮겨 이제 막 업계에 발을 디딘 그 회사에서 3년간 일하며 회사를 본궤도에 올려놓았다.

05

덕은
외롭지 않다

당신의 이름이 브랜드가 되었다면 업계에서는 당신의 움직임을 주시한다. 김기남 역시 마찬가지였다. 그가 태광산업 임원의 부탁으로 중소기업으로 옮긴 소식은 업계에 금세 퍼졌다. 그리고 3년 뒤 그가 성과를 거두었다는 이야기도 입에서 입으로 회자되었다. 그 회사는 조만간 김기남이 진두지휘하는 체제로 돌아설 것이다. 다들 그렇게 여겼다. 현직 사장님은 연세가 많으니 아마 배후로 물러서지 않을까 조심스럽게 그러나 거의 확정적이라는 듯이 사람들은 얘기했다.

만일 여러분이 3년간 초석을 닦아서 김기남과 같은 위치에 올랐다면 어떤 생각을 갖고 있겠는가. 이제 발판이 마련되었으니 도움닫기를 해서 멀리 뛰어오를 준비를 하지 않겠는가. 나아가 경력으로 보면 그는 가장 정력적으로 일할 나이였다. 게임은 이제부터라는 생각, 어떻게 해야 시장 점유율과 매출을 확대할 수 있을지 등의 계획, 향후 5년 내지 10년간 나아갈 방향을 마음속으로 헤아리고 있었으리라. 또한 김기남 개인으로 보았을 때도 안정적인 자리였고 더 이상 바랄 것이 없었다. 자리를 잡기까지, 회사의 체질을 바꾸고 거래처를 늘리기까지 준비 기간이 걸렸을 뿐 이제는 앞으로 달리기만 하면 되었다.

그때 낯선 사람 한 명이 김기남을 찾아왔다.

"저는 한무근이라고 합니다."

그는 씨엔플러스라는 부품 생산업체 사장이었다. 한무근 사장은 기술자 출신이었고, 커넥터라는 작은 부품을 생산하고 있었다. 그의 설명에 따르면 커넥터는 일본 등지에서 100% 수입되고 있었다. 그는 자신이 기술에서는 전혀 뒤떨어지지 않는 제품을 생산한다고 말했다. 그리고 부품 제조업이 왜 중요한지, 국내 제조업이 지금 어디에 있는지, 왜 커넥터 제조가 유망한지 설명했다. 그리고 이렇게 덧붙였다.

"저는 세계 최고의 커넥터 부품 업체를 만들 생각입니다."

나는 기술을 갖고 있고, 당신은 영업통이니 힘을 합쳐보자는 제안이었다. 김기남은 그의 이야기를 경청하고는 현재 자신의 입장을 설명했다. 회사가 이제 막 자리를 잡은 시기이다, 이곳에서 아직 해야할 일이 많다, 쉽게 결정할 상황은 아닌 것 같다…… 완곡한 거절이었다. 그렇게 한무근과 김기남의 첫 만남은 끝이 났다.

달이 바뀌기 전에 다시 한무근 사장이 찾아왔다. 서로 안부를 묻고 업계 돌아가는 이야기를 나누다가 헤어졌다. 보름 뒤 다시 한무근 사장이 찾았다. 차를 마시고, 얘기를 나누고, 헤어졌다. 그리고 또, 아니 계속 한무근 사장은 김기남을 찾아왔다.

그렇게 한 달에 두세 차례 만나서 얘기를 나누는 동안 묵은 계절이 지나가고 새로운 계절이 찾아왔다. 계절이 무르익어 나뭇잎이 변해가듯이 김기남은 시간을 두고 한무근 사장을 알아갔다. 기업체 사장이라기에는 목소리가 차분한 것이 마치 학자 같은 느낌의 한무근 사장. 단박에 사람을 사로잡는 매력은 없지만 볼수록 호감이 생기는 외모. 이런 얼굴과 목소리로 '세계 1등'을 논하는 사람이 세상에 몇이나 될까. 한무근 사장의 마음을 조금씩 알아가면서 김기남은 그가 진실한 사람이라는 느낌을 갖게 되었다. 마치 얇은 종이가 한 장씩 쌓여 백과사전이 되듯이, 한무근 사장에 대한 느낌은 김기남의 마음에 서서히 그 형태를 드러냈다.

구두 수선공 앞에서 우리는 구두 고치는 방법에 대해서 논하지 않는다. 경제학 박사 앞에서 우리는 경제에 대하여 아는 척을 하지 않는다. 전문가, 혹은 그 분야에 조예가 깊은 사람들은 모든 걸 한눈에

꿰뚫어보기 때문이다. 오랫동안 신뢰와 성실이라는 두 가지 원칙을 지켜온 인맥의 달인 김기남의 눈에 한무근 사장은 진실한 사람으로 보였다. 한두 번의 만남에서 완곡하게 거절했지만 다시 찾아오는, 그것도 억지 부리듯 자기주장만 되풀이하는 것이 아니라 자신의 꿈과 열정을 작은 목소리로 이야기하는 한무근 사장의 모습에서 지난날 자신의 모습을 본 것인지도 모른다. 꿈이 작은 사람일수록 목소리가 큰 법이다. 그런데 큰 꿈을 말하는 이 사람의 목소리는 작고 차분하다. 진실은 어디 있는가? 목소리인가 그 목소리가 전달하는 내용인가. 김기남은 작은 목소리가 지닌 큰 울림을 들었다.

딱 6개월이 걸렸다. 김기남이 한무근 사장과 한 배를 타기로 결정하기까지 말이다. 김기남은 그와 함께라면 세계 1등 부품회사를 만들 수 있을 것 같다. 씨엔플러스의 약점도 보았고, 자신의 역할도 알았다. 기술의 한무근과 영업의 김기남, 그리고 지금은 불과 몇 명 안 되는 직원이 전부이지만 일으켜 세울 수 있는 그 길이 보였다. 몇 년 잘 다니면 사장이 보장된 지금의 회사, 사장은 될 수 없지만 일답게 일을 할 수 있는 회사. 마음의 저울추는 조금씩 이동했다. 평범하지만 안정된 미래보다 내가 가치를 부여할 수 있는 회사, 즉 부품이 취약한 국내 제조업체 가운데 국내 토종업체로 세계 최고가 되자는 그 목표가 있는, 그러나 미래가 불확실한 회사가 더 끌렸다.

그렇게 전격적으로 한무근 사장과 힘을 합치기로 결정하고 그는 씨엔플러스의 전무가 되었다. 씨엔플러스가 필요로 하는 것이 영업이었다. 그러나 김기남은 잘 알고 있었다. 자신이 태광산업을 나올 때부터 최근 수년 사이에 고민하고 실천한 것은 단순한 영업이 아니었다는 사실을 말이다. 김기남은 업계에서는 '영업통'으로 알려져 있었지만 그의 진가는 사실 다른 데 있었다. 그가 평생을 걸쳐 쌓아온, 신뢰에 바탕을 둔 인간관계, 그리고 이를 회사 조직력에 어떻게 활용할 것인가 하는 문제, 바로 그것이었다.

씨엔플러스는 김기남을 영입하면서 호랑이 발톱에 날개를 달았다. 김기남 전무는 매년 매출 두 배 성장을 목표로 삼고, 실제로 이를 달성했다. 거래처를 개척하는 데 힘이 되었던 것은 김기남에 대한 지인들의 신뢰였다. 김기남은 지인들에게 폐를 끼치지 않을 정도의 선에서 도움을 요청했다. 커넥터 부품이 필요한 대기업체의 담당자를 소개해주는 정도의 일이었다. 물론 지인들은 김기남의 요청을 외면하지 않았다. 그들은 다른 것은 못 믿어도 '김기남'이라는 이름 세 글자는 믿었다. 대기업체에 근무하는 어떤 친구는 부하직원을 불러서 이렇게 말했다.

"이 제품 한번 검토해 봐."

부하직원이 알았다고 말했다.

"예, 살펴보고 경쟁력이 있으면 관계부서 간에 검토해 보겠습니다."

물론 김기남은 품질이든 가격이든 모두 경쟁업체 제품보다 나아야 한다고 생각하고 있었고, 실제로 그가 들고 간 제품들은 모두 경쟁력이 있었다. 공적인 일에 친분을 앞세워 거래업체에 폐를 끼치는 것은 김기남이나 지인이나 모두 자충수라는 사실을 잘 안다. 그런데 왜 검토하라고 얘기했을까? 대기업 직원 입장에서 보면 품질과 가격 면에서 경쟁력 있는 부품업체를 발굴하는 것은 큰 업적 중 하나이기도 했다. 그 부하직원을 배려한 것이다.

어쨌든 지인들은 이처럼 하나둘씩 자리를 마련해주었고, 기회가 닿을 때마다 김기남은 커넥터를 들고 다니며 거래선을 뚫었다. 그리고 7년이 지난 현재, 씨엔플러스 매출의 80~90%를 차지하는 주요 거래처는 다음과 같다.

LG전자, LGPDP, LG이노텍, HLDS, 삼성전자, 삼성전기, 삼성LED, 삼성SDI, TSST, 히타치, 소니, 산요, 니텍, COC……

그 사이 김기남 전무는 부사장으로 승진했다. 그는 영업자로 사회생활을 시작했지만 점차 관리인으로서의 능력을 키워왔다. 특히 중소업체들의 가장 큰 문제점이 인력 확충과 관리임을 그는 알고 있었다. 여전히 영업도 하고 있지만 그는 단순히 전문 영업인으로서 자신을 키워온 것이 아니었다. 그에게는 늘 두 가지가 있었다. 하나는 사람이고, 다른 하나는 성과였다. 그에게는 이 두 가지가 다른 것이 아니었다. 그리고 그는 '사람'과 '성과' 이전에 '나부터 인물이 되어야 한다'고 생각하고 있었다.

……김기남 멘토가 생각하는 인맥이 무엇인지 그의 이야기를 복기해가며 정리하다 보니, 묘하게도 그의 이야기는 늘 수신(修身), 즉 자신을 갈고닦는 일로 귀착되었다. 그가 생각하는 인맥이란 것은 여전히 내가 무의식중에 생각하는 그런 인맥이 아니다.

인맥을 넓히기 위해 나는 무엇을 해야 할까. 동호회에 다니고, 술자리에 참석하고, 전화 열심히 걸어야 할까? 그러나 내가 준비가 안된 상태에서 사람을 만나는 것이 어떤 유익이 있겠는가.

김기남 멘토는 내게 공자의 문장을 알려주었다.

"덕불고(德不孤), 덕은 외롭지 않다는 말입니다. 그러므로 부단히 덕을 길러야 해요."

다시 자문한다. 인맥을 넓히기 위해서는 어떻게 해야 할까?

남이 보기에 먼저 사귀고 싶은 사람이 되어야 하고, 그러기 위해서는 인격의 향기와 프로다운 면모가 자연스럽게 배어나오도록 늘 자신을 채찍질하고 노력해야 한다. 한마디로 덕을 쌓는 것이, 자기 이름을 브랜드로 만드는 것이 인맥 쌓기의 비결이다.

인맥의 본질을 논하다

"인맥을 쌓기 위해서는 제 자신을 브랜드로 만들어야 합니다."
"……그런데 그게 인맥의 핵심일까요?"

01

옷을 벗고 사람을
있는 그대로 보다

여섯 번째 만남을 앞두고, 나는 모든 가르침이 끝났다고 생각했다. 그러나 여섯 번째 만남에서는 가장 어려운 이야기가 나를 기다리고 있었다.

인맥을 '개인 브랜드'라고 파악하고 있었던 나에게 멘토는 인맥의 핵심은 그게 아니라고 말했다. 그는 인맥을 깊게 파고 들어가면 그 근원에 '어머니의 사랑'이 있다고 했다.

브랜드에서 갑자기 어머니의 사랑이라니……

머리가 꽉 막히는 느낌이었다. 이제 다 알았다고 여기는 순간, 인맥이라는 두 글자는 마치 한 마리 새처럼 훨훨 날아갔다. 방심한 상태에서 어퍼컷을 맞은 권투선수처럼, 멍한 표정으로 멘토와 헤어졌다. 그로부터 일주일쯤 지났을 때였다. 문득 멘토의 말에 눈을 뜨게 되었다.

사실, 멘토는 처음부터 그런 얘기를 하고 있었다. 첫날 들려주었던 순임금의 이야기나 오바마의 침묵 연설, 그리고 칼레의 시민 이야기들은 그가 왜 인맥의 핵심을 '어머니의 사랑'으로 풀이하는지 그 힌트를 주고 있었다. '다시 처음부터 생각해 보자.' 그런 마음으로 여섯째 멘토링을 되새김질했다. 비로소 안개가 걷히는 느낌이었다.

인맥의 비결을 찾는 서른의 나에게 그의 말은 마치 따뜻한 밥과 같아서 첫술에는 그 맛을 알지 못했다. 하지만 반년이 지나가는 지금, 인맥은 자극적인 음식이 아니라 어떤 음식에도 잘 어울리는 그런 음식, 즉 밥이라는 사실을 깨닫게 되었다. 밥은 어떠한가? 자극적인 맛은 없으나 어떤 반찬과도 잘 어울리며 또한 식탁의 한가운데를 차지하고 있다. 제아무리 반찬이 많아도 밥이 없다면 우리는 식사를 하지 못한다. 그런 존재가 밥이다.

지금부터 나는 인맥을 조금 색다르게 풀어볼 것이다. 그 이야기는 김기남 멘토에게서 나온 것이지만 그 말은 밥맛처럼 지극히 평범하여 중요성을 간과하기 쉽다는 단점이 있다. 그래서 조금 다른 방법을 찾아보았다. 다 듣고 나면 우리가 익히 알고 있던 그런 이야기임을 알게 될 것이다.

……스승이 제자들에게 물었다.

"마지막으로 너희가 나에게서 무엇을 얻었는지 시험해 보고자 한다. 한 사람씩 깨달은 바를 이야기해 보거라."

첫 번째 제자가 일어섰다.

"그에게 믿음을 요구하기 전에 내가 그에게 신뢰를 주었는지 돌이켜 보는 것이 곧 인맥을 넓히는 길입니다."

스승이 말했다.

"너는 나의 살만을 취하였을 뿐이다."

두 번째 제자가 일어났다.

"사람을 만나면 그의 궁핍함을 살펴서 그가 부족해하는 것을 채워 주는 것이 곧 인맥을 넓히는 방법입니다."

스승이 말했다.

"너는 나의 뼈만을 취하였을 뿐이다."

세 번째 제자가 일어났다. 그는 아무 말 없이 고요히 일어서더니 스승에게 큰 절을 올렸다. 침묵이 흘렀다. 스승이 입을 뗐다.

"그렇다, 그렇다! 네가 나의 골수를 취하였구나."

다른 제자들이 어리둥절해하자 스승이 덧붙였다.

"너희 둘에게는 '신뢰'가 인맥의 핵심이니 '역지사지'가 인맥의 핵심이니 하는 따위의 집착이 있느니라. 그 한 가지 생각을 전부라고 여기기 때문에 다른 것을 못 보게 된다."

스승은 제자들의 얼굴을 쳐다보았다. 여전히 오리무중인 듯 고개를 갸웃거리고 있었다.

"너희가 원하는 것은 인맥의 달인, 즉 사람을 얻겠다는 것인데, 한 가지에 집착하는 마음으로는 결코 너희가 원하는 바를 이룰 수 없느니라. 그 마음을 버린 뒤에 원하는 것을 이룰 수 있으며, 그 원하는 것을 얻겠다는 생각조차 버린 뒤에 원하는 것을 이룰 수 있느니라."

그래도 제자들은 눈만 끔뻑였다. 스승이 한숨을 쉬면서 말했다.

"내가 너희에게 일러준 말은 모두 수단일 뿐이다. 핵심은 너희 각자의 마음에 있다. 그 마음에서 무엇이 일어나는지 스스로 보지 못하면 답을 구할 수 없다."

그래도 제자들이 고개를 갸우뚱하자 스승이 안타까운 심정으로 다시 덧붙였다.

"너희는 우자춘의 이야기도 모르느냐. 우자춘이 세상사의 허망함을 깨닫고 도인에게 묻되 '어떻게 해야 저도 도사님처럼 될 수 있습니까' 하니, 그 도사가 우자춘을 아미산으로 데리고 가되 '누가 무어라고 하여도 절대로 소리를 입 밖에 내서는 안 된다. 만일 한마디라도 벙긋하는 날에는 다시 속세로 떨어지게 될 것이다.' 하였다. 우자춘이 고개를 끄덕이고 아미산에 오르자 도인은 사라졌다.

그 밤에 온갖 귀신이 나타나서 벼락같은 소리로 호통을 쳤다. '너는 뭐하는 놈이기에 귀신들만 사는 이 아미산에 오른 것이냐.' 우자춘은 겁을 먹었지만 도인의 충고를 떠올리고 입을 틀어막았다. 하지만 귀신들의 불호령은 그칠 줄 몰랐다. 두려움에 벌벌 떨면서도 우자춘은 다행히 찍 소리 한마디 내지 않고 잘 견뎠다.

화가 난 귀신들이 그를 염라대왕 앞으로 끌고 갔다. '너는 도대체 어떤 놈이냐? 정체를 밝히지 않으면 죽음을 면치 못하리라.' 염라대왕의 말이 귀청을 찢는 듯했다. 그래도 우자춘은 도인의 말을 잊지 않았다. 화가 난 염라대왕이 지옥에 있는 우자춘의 어머니를 불러오게 했다. 염라대왕은 신하들에게 명령하여 우자춘의 어머니에게 매질을 하게 했다. 어머니가 말했다. '애야, 나는 하나도 아프지 않단다. 네가 입을 열지 않아서 네 뜻을 이룰 수 있다면 이 어미는 하나도 아프지 않단다.' 굵고 매서운 지옥의 매가 허공을 가르며 어머니의 몸에 떨어졌다. 어머니는 이를 꾹 다물고 매질을 견디었다. 하지만 매가 떨어질 때마다 꽉 틀어막은 입술을 비집고 외마디 비명이 터졌다.

우자춘은 마음이 찢어질 듯 아팠다. 눈을 꼭 감고 고개를 외면하여도 어머니의 비명은 귓가를 파고들었다. 우자춘은 더 이상 견딜 수 없었다. '그만하시오. 이제 그만하시오!' 그렇게 울며불며 소리쳤느니라."

스승은 제자들을 둘러보았다.

"그렇다면 우자춘은 어떻게 되었겠느냐? 도인이 말한 대로 그는 다시 세상으로 돌아왔느니라. 도인이 다시 우자춘을 찾아왔다. 우자춘은 고개를 푹 숙였다. 그런데 도인이 하는 말이 생각 밖이었다. '만일 네가 끝까지 입을 틀어막고 있었다면 내가 너를 죽이려고 했을 것이다. 자, 이제 너는 어떻게 살아가겠느냐?' 우자춘은 도인이 하는 말의 뜻을 알아들었다. 우자춘이 눈물을 흘리며 말했다. '사람답게 살겠습니다.'

너희들은 이 말이 무슨 뜻인지 알겠느냐? 우자춘은 도인처럼 깨달음을 얻고 싶어 했다. 그래서 도인이 시키는 대로 입을 꾹 다물었다. 도인이 알려준 그 묵언의 수행이 도인 되는 비법이라고 여겼다. 마치 너희가 내 말을 절대 진리인 양 받아들인 것처럼 말이다."

스승은 잠시 뜸을 들이더니 이렇게 말했다.

"그렇다면 도인은 왜 우자춘을 아미산에 데리고 갔던 것일까? 이는 우자춘이 원했기 때문이다. 우자춘의 도인 되고 싶어 하는 마음을 알고 도인은 그가 원하는 대로 해주었을 뿐이다. 그리고 도인은 우자춘에게 알려주고 싶었다. 그렇게 한다고 해서 네가 원하는 것을 얻을 수도 없고, 나아가 원하는 것 자체에 문제가 있다는 사실을 말이다. 깨달음에 이르겠다, 도인이 되겠다는 그 목적에 집착하게 되면 우리는 보다 중요한 것을 놓치게 된다. 마치 우자춘이 지어미의 비명을 외면하려고 발버둥쳤듯이 말이다.

마찬가지로 너희가 인맥의 달인이 되겠다고 집착을 하고 있는 동안에는 절대로 못 보는 게 있게 된다. 바로 사람이다.

말에 사로잡히면 우리 눈에는 사람이 보이지 않고 그 말만 보이느니라. 그게 과연 인맥을 얻는 비결이라고 할 수 있겠느냐.

그래서 비법에 얽매이지 말라고 한 것이다. 비법은 따로 없다. 사람을 만나면 사람을 그대로 보면 된다. 그런데 '인맥의 달인이 역지사지하라고 했으니 그 방법을 써보자' 그런 마음을 먹고 있으면 사람이 보이겠느냐. 이렇게 하자, 저렇게 하자 그런 마음의 사슬이 너희의 눈을 가려 너희는 사람을 제대로 보지 못하게 된다.

그래서 마지막 가르침은 배운 것을 다 잊으라는 것이다. 하산하는 자에게 필요한 것은 방법이 아니라 산에서 배운 것을 모두 잊는 것이다. 다 잊고 사람 자체를 만나라. 네 마음이 맑다면 있는 그대로 사람을 보게 될 것이고, 그렇게 교우하면 인맥이란 자연 넓어지는 것이다."

그때 한 제자가 물었다.

"저 제자가 큰 절을 올렸을 때 왜 '골수를 얻었다'고 말씀하신 겁니까?"

"아직도 못 배웠구나. 사람을 만나면 인사를 하는 게 예의가 아니더냐? 이 사람은 예전의 허물을 벗고 이제 사람을 있는 그대로 보기 시작했다. 그래서 나를 보고 인사를 한 것이다."

02

자연스럽게 일어나는
그 마음에 답이 있다

말에 집착한 나머지 사람을 못 보는 일은 주위에 흔하다. 〈논어〉에
도 그런 얘기가 나온다.

하루는 어떤 이가 공자에게 말했다.

"우리 마을의 젊은이들은 참으로 정직합니다. 그의 아버지가 이웃
의 양을 훔치자 그 아들이 관아에 아버지를 고발했습니다."

공자가 말했다.

"참된 정직이란 그런 것이 아닙니다. 아버지가 양을 훔치면 아버지
에게 그 잘못을 간곡하게 아뢰되 만일 아비가 듣지 않으면 그 아비와
함께 도망을 치는 것이 참된 정직입니다."

아버지의 도둑질을 놓고 한 청년은 관아에 고발하고, 한 청년은 함께 도망을 쳤다. 관아에 고발한 그 청년은 '사람은 정직해야 한다.'는 말을 자기 식대로 이해하고 받아들였다. 그 말에 집착한 나머지 아버지와 자신의 관계마저도 부인했다. 아버지는 그렇게 대할 사람이 아니다. 공자가 말한 것은 그런 의미이다. 사람 사이의 관계에서 가장 근본이 되는 것은 무엇인가? 부모와 자식 사이 아닌가? 어떤 말이 그 관계를 깰 수 있다는 말인가?

공자가 말하는 참된 정직이란 자기 마음에 솔직한 것을 말한다. 자기 마음에서 우러나오는 그 자연스런 마음을 말한다. 살인자의 부모가 TV 인터뷰에 나와서 말한다. '우리도 그 애를 포기했어요.' 그 말이 진실일까? 그건 사람들 앞에서 예의를 차리기 위한 표현이었을 뿐이다. 나는 그 어머니가 마음속으로는 '부디 잡히지 않기를' 하고 빌었으리라 생각한다. 그게 정직이다.

공자는 예를 숭상했지만 그것은 우리가 아는 개념과 다르다. 공자는 사람이 느끼는 자연스런 그 마음을 더 중시했다. 그래서 공자는 예의 근본을 물은 임방의 질문을 매우 높이 평가한다.

임방이 물었다.

"예의 근본은 무엇입니까?"

공자는 지금까지 수많은 제자를 가르쳤지만 아무도 이런 질문을 던진 적이 없었다.

"아! 위대한 질문이여!"

공자는 나중에도 임방이 예의 근본을 물은 질문이 얼마나 훌륭한 질문이었는지 여러 곳에서 되풀이해서 말한다. 그 질문이 위대한 이유는 당시 사람들은 예를 형식으로 여겼기 때문이다. 예컨대 제사를 지내기 위해서는 상을 차리는 예절이 있으며, 정해진 절차가 있다. 이를 지키는 것이 예라고 여겼다. 우리나라도 제사상을 차릴 때 '조율이시'니 '홍동백서'니 몇 가지 원칙을 지킨다. 그런데 재미있게도 조율이시와 홍동백서는 배와 감의 위치가 다르다. 조율이시를 따르면 배가 먼저 오고 감이 다음에 와야 한다. 반면 홍동백서를 따르면 감이 먼저 와야 옳다. 그래서 '감 놔라 배 놔라'라는 말이 생겼다. 그러나 제사에서 정말 중요한 것은 그런 형식이 아니다. 마찬가지로 공자에게 예란 그 형식이 전부가 아니다. 그래서 공자는 임방의 질문에 이렇게 답한다.

"상가에 가면 슬퍼하는 것이 곧 예의 근본이다."

절하는 방법보다 더 중요한 것은 절을 하는 사람의 마음이다.

공자 역시 주체할 수 없이 눈물을 흘린 적이 있다. 그의 제자 안회가 죽었을 때였다. 하도 공자가 울어대니까 제자들이 말렸다.

"스승님, 이제 그만 고정하시지요."

그러자 공자가 말한다.

"내가 이 사람을 위해서 울지 않으면 과연 누구를 위해서 운단 말인가."

  그리고 나서도 공자는 눈물을 그치지 않았다. 공자의 행동과 말씀을 기록한 〈논어〉가 성경이나 불경 등 다른 경전과 다른 점은 그의 감정이 고스란히 드러나 있다는 점이다. 〈논어〉에는 그의 희로애락이 담겨 있다. 그는 제자들 앞에서 한탄하고, 눈물짓고, 화내고, 웃고, 기뻐하고, 실망하고, 슬퍼하고, 분발한다. 그게 자연스런 마음이라는 뜻이다.

  사람에게는 감정이 있다. 그 감정을 감추고 억누르는 것은 바람직한 공부법이 아니다. 만일 우리가 인맥 넓히는 방법을 배우려고 한다면 그 출발점은 이 책이 아니라 감정의 원천인 마음으로 돌아가야 한다. 가장 진솔한 자기 마음에서 시작해야 한다. 그래서 '역지사지'를 하라는 얘기에 이렇게 반문하며 답을 찾을 수 있어야 한다.

  "나는 그 사람이 아닌데 어떻게 그 사람의 마음을 헤아릴 수 있을까? 그 사람이 자란 환경이나 그 사람이 타고난 성격은 나와 다른데 나는 어떻게 그 사람의 마음을 헤아릴 수 있을까?"

  '역지사지'를 철칙으로 여기고 그 말을 액면 그대로 적용하려고 해서는 절대로 '역지사지'를 할 수 없다. 대개 무의식중에 역지사지를 실천하는 경우는 연애를 하거나 가족을 대할 때이다. 애정을 갖고 있는 사람에게는 자기도 모르게 역지사지를 하려고 노력한다. '내가 정말 그 사람을 즐겁게 해주고 있는가?' 하고 되풀이해서 묻게 된다. 이

음식 맛있어요? 오늘 재미있었어요? 순간순간의 기분을 묻고 그에 맞춰 행동하려고 한다. 나쁜 것을 주려고 하지 않고 좋은 것, 혹은 바른 것을 주려고 애를 쓴다. 이것이 '역지사지'의 마음이 아닌가?

이렇게 평소에 자연스럽게 하고 있던 것을, 상대가 달라지면 우리는 잊게 된다. 그래 놓고 먼 데서 찾는다. '역지사지'라는 말에서 답을 찾으려고 한다.

멘토는 그런 점을 지적했다. 말에서 찾지 말고 자기 마음에서 찾아야 한다고.

인맥을 넓히는 방법은 이미 각자의 마음에 있다. 자기 마음에서 시작하지 않으면 우리가 추구하는 모든 행동은 과녁을 벗어난다. 답을 밖에서 찾게 된다. 스승의 말에서 답을 찾으려고 한다. 그 말을 진리로 여길 뿐 자기 마음에서 피어나는 느낌이 무엇인지는 살펴보려 하지 않는다. 머리로 이해하려고 한다.

앙드레 지드는 〈지상의 양식〉 서문에서 이렇게 밝힌다.

"나의 이야기를 읽고 난 다음에는 이 책을 던져버려라. ― 그리고 밖으로 나가라. 나는 이 책이 그대에게 밖으로 나가고 싶은 욕망을 일으키기를 바라고 있다. …… 이 책이 그대로 하여금 이 책 자체보다도 그대 자신에게 ― 그 다음으로는 그대보다도 다른 모든 것에 흥미를 가지도록 가르쳐주기를."

이 책을 읽은 다음에는 자신의 마음을 보아야 하고, 그 다음에는 여러분이 만나는 사람을 보아야 한다. 그게 인맥을 넓히는 근본적인 방법이다.

03

내가 죽으면 너희가
따라 죽을 것 같았다

이제 진짜 이야기를 해보자. 사람들이 흔히 '인맥'이라는 말을 들을 때 연상하는 그 이야기가 아니라 진짜 인맥 이야기 말이다. 김기남 멘토는 내가 통속적이고, 대중적인 차원에서 질문을 던지면 이를 다시 진짜 이야기로 바꾸어서 내게 들려주었다. 그중의 하나가 어머님의 이야기이다.

나는 몇 차례에 걸쳐 김기남 멘토의 어머님 이야기를 들었다. 처음 그 이야기를 들었을 때는 이게 어떻게 인맥 관리와 연결되는지 알쏭달쏭했다. 한 개인이 자신의 어머님 이야기를 할 때는 그만한 이유가 있겠거니 하고 그대로 듣기만 했던 것인데, 마지막 멘토링에 이르러서 나는 그 이야기가 왜 중요한지 알게 되었다. 그가 지닌 인맥의 비결은 어머니의 이야기 속에 담겨 있었다.

어머니는 서른일곱의 나이에 남편을 여의고 6남매를 홀로 기르셨다. 중학교 3학년인 형님과 밑으로 초등학교 6학년, 4학년의 누이, 그리고 5살짜리와 돌을 갓 지난 어린 동생이 있었다. 김기남은 초등학교 2학년이었다. 어려운 생활 속에서도 어머님은 늘 올곧은 행동으로 자식을 길렀다. 지금도 김기남이 기억하는 어머니는 이런 말씀을 들려주시던 분이었다.

"기남아, 엄마가 살아보니 부모 없는 세상은 살아도 나라 없는 세상은 못 살겠더라."

젊은 시절 전쟁을 겪어본 까닭에 나라의 소중함에 대해서 늘 절실히 느끼셨던 모양이다. 또 이런 말씀도 하셨다.

"요령이 없으면 막고 품어야 하느니라."

물고기를 잡는 방법에는 여러 가지가 있다. 낚시도 그중 하나요, 손으로 물고기를 척척 잡는 사람도 있다. 그런데 타고난 재주가 아둔하여 날렵한 손재주도 없고, 낚시 요령도 없으면 그때는 어떻게 할까? '막고 품어라'는 말은 물을 막고 퍼내라는 뜻이다. 물을 퍼내다 보면 결국 물고기가 도망갈 길을 잃지 않겠는가. 하늘이 내린 재주가 없는 사람이라도 포기하지 말고, 미련하다는 소리를 듣더라도 노력을 게을리 하지 말아야 한다는 말이다. 머리가 나쁘면 몸이 고생이라고 했던가. 이 말의 긍정 버전이 곧 '요령이 없으면 막고 품어라'이다. 머리가 나쁘면 몸을 움직여야 한다. 아니 머리가 좋건 나쁘건 몸을 움직여야 한다. 나는 왜 이리 못났을까 탓할 시간 있으면 그 시간에 막고 품어야 한다.

그리고 또 어머니는 이런 말씀을 하셨다.

"친구들과 술 마시면 술값은 꼭 네가 내거라. 의 상한다."

어머니가 바라본 친구 사이의 의는 술값이라는 지극히 현실적이고 일상적인 이야기를 통해 전달되었다.

어머니가 남긴 말씀은 이렇게 세 가지이다. 이 말씀은 김기남이 지금까지 살아오는 데 지대한 영향을 끼쳤다. 그리고 따로 말씀하지 않으셨지만 행동을 통해서 삶의 모범을 보이셨다. 모범은, 어쩌면 이 세 가지 말씀보다 더더욱 김기남의 마음에 큰 울림으로 남았는지 모른다.

그런 어머니께서 일흔의 연세에 식도암에 걸렸다. 그때가 1998년 11월이었다. 몸의 불편함을 호소하던 어머니를 모시고 중앙병원(현 서울 아산병원)에 갔다. 정밀검사 결과 식도암 판정이 내려졌다. 의사는 암의 지름이 8cm에 달하여 수술하면 5년, 약물 치료를 하면 1년 생존이 가능하다고 말했다. 의사는 수술을 할 것인지, 약물 치료를 할 것인지 결정하여 알려달라고 덧붙였다.

당시 아산병원에 근무하던 조카는 수술을 반대했다. 식도암 수술은 난이도가 높고 어머니가 70세의 고령이니 수술보다는 약물 치료가 더 적합하다는 생각이었다.

의견을 개진하는 것과, 결정을 내리는 것은 전혀 성질이 다른 일이다. 김기남의 가족은 어머니의 목숨을 걸고 둘 중 하나를 택해야 했다. 이 순간만큼은 최첨단 의료기술과 수십 년의 경력을 가진 의사도 아무런 도움이 되지 못했다. 의사는 딱 꼬집어서 하나의 길을 제시해주지 않았다. 그만큼 두려운 선택이었다. 어머니는 오히려 가족을 걱정했다. '나는 괜찮다. 너희들 건강하고, 이만큼들 살고 있으니 나는 괜찮다.' 그러면서 통증을 참고 내색하지 않으셨다. 여러 날 가족회의를 거친 끝에 약물 치료를 하기로 결정을 내렸다. 수술은 너무 위험 부담이 컸기 때문이다.

그날부터 약물 치료와 병간호가 시작되었다. 며느리들이 번갈아가며 어머니 곁을 지켰고, 가까운 곳의 자식들은 퇴근 이후에, 먼 곳의 자식들은 주말에 병원을 찾았다. 당시 김기남의 직장은 안양이었고, 그는 일을 마치면 곧장 병원으로 달려갔다. 차가 없는 김기남을 위해 동료 직원들이 매일 그를 데려다 주었다. 어머니는 묵묵히 치료를 받았다. 암 치료 과정은 치료를 받는 사람뿐 아니라 병간호를 하는 가족 모두에게 고통스런 과정이었다.

때마다 한 번씩 찾아오는 육체의 고통, 죽음에 대한 두려움, 축 처지는 몸, 슬슬 일어나는 짜증……. 세상으로부터 격리되어 있다는 느낌, 웃음기를 잃은 얼굴, 하루에도 수백 번씩 희망과 절망을 오가는 마음……. 아무것도 위로가 되지 않고, 지푸라기라도 잡고 싶은 심정이 되고, 컨디션이 조금 나아지면 약효가 있는 것 같다고 여기고, 그러다가 약해진 면역력을 틈타서 감기 바이러스가 침투하면 다시 절망에 휩싸이고, 때로 의식을 잃고……. 이런 지난한 과정이 싫어 빨리 죽었으면 좋겠다는 생각도 들고, 동시에 살고 싶다는 강렬한 욕망도 피어난다.

그러나 김기남의 어머님은 아무 말씀도 없으셨다. 아프다는 내색 한 번 없이 식사도 하고, 치료도 받고, 운동도 병행했다.

4개월이 흘렀다. 대구 영남대학병원으로 옮겼다. 똑같은 일이 다시 반년 되풀이되었다. 여전히 어머님은 내색이 없었고, 암 환자답지 않게 씩씩하게 식사도 하시고, 치료도 받았다. 1년이 지났을 무렵, 하루는 의사가 가족을 불렀다. 검사 결과 식도암 자체가 흔적도 없이 사라졌다는 말이었다. 의사는 믿기 어려운 일이라고 했고, 친지와 동네 주민, 회사 직원들은 기적이라고 했다. 가족들은 어머님 손을 잡고 눈물을 흘렸다. 초췌한 얼굴의 가족들, 그러나 얼굴만큼은 밝았다.

퇴원 후 어머님이 이런 말씀을 하셨다.

"짐이 되기 싫었다. ……그런데 내가 죽으면 너희가 꼭 따라죽을 것 같더라."

그래서 어머니는 먹기 싫어도 억지로 먹고, 몸을 움직일 수 없어도 운동하고, 아파도 참고 치료를 받았다.

도대체 자식들이 어떻게 했기에 '따라죽을 것 같더라'라는 말이 나왔을까. 그저 병상을 지키는 것만으로 그런 느낌을 줄 수 있을까? 사랑에 빠진 젊은 연인이라면 그 연정이 깊어서 그렇다고 할 터이지만, 연세가 적은 부모도 아니고 어떻게 했기에 부모가 그런 느낌을 받았다는 말인가. 아니면 어머니라는 사람은 죽음을 눈앞에 두고도 자식을 걱정하는 그런 분인가.

나는 당시의 상황을 자세히 묻고 싶었지만 감히 그 질문을 꺼내지 못했다. 그건 말로 표현할 수 없는 그 무엇이기 때문이다.

그 행동 그리고 그 마음에 답이 있을 것이다. 어머니와 자식 사이에 연결되어 있는 그 알 수 없는 마음에 비밀이 있을 것이다.

……그리고 김기남 멘토는 그 비밀이 자신을 인맥의 달인으로 만든 비결이라고 말했다.

"당신 몸이 걱정되어서 약을 드시고 밥을 드신 게 아니라 자식이 따라죽을까 봐 걱정하는 마음 때문에 약을 드셨다는 것이 이해가 되시나요? 그래서 암이 완치되었다는 게 납득이 되시나요? 그 마음이 얼마나 지극하면 병마도 이겨내게 할까요? 제가 살아보니 세상에서 가장 위대한 마음은 자식을 생각하는 어머니의 마음입니다. 그 마음으로 부모를 섬기면 그것이 효요, 그 마음으로 친구를 만나면 그것이 우정이요, 그 마음으로 어르신을 모시면 그것이 공경이요, 그 마음으로 사회생활을 하면 그것이 곧 인맥입니다."

집에서 잘하는 사람이 사회에서도 잘한다. 우리는 그렇게 들어왔다.

공자가 벼슬 없이 지내자 어떤 사람이 물었다.

"공자께서는 왜 정치를 하지 않으십니까?"

그러자 공자가 답했다.

"나도 정치를 하고 있다. 효를 행하는 것 가운데 정치가 있느니라."

정치라는 것은 과연 어디 있는 것일까? 여의도? 아니다. 정치는 안방에서 시작된다. 사람과 사람이 만나는 가장 은밀하고 가장 친밀하고 가장 가까운 곳에서 정치가 시작된다. 그래서 정치의 시작을 효라고 공자는 말한다. 인맥 역시 마찬가지이다. 가장 가까운 사람에게 잘하는 것이 곧 인맥의 시작이다. 다른 데서 찾아서는 안 된다.

04

더 못 주어서
미안한 마음

'기브앤테이크(give & take)', '윈윈(win–win)' 이런 말은 다 어디서 왔을까? 우리의 부모들은 보답을 바라지 않고 사랑을 베풀었다. 우리역시 무언가를 바라면서 자식을 기르지 않았다. 우리가 지금 존재할수 있는 이유는 누군가의 돌봄이 있었기 때문이다. 세상에는 저 홀로크는 사람이 없다. 일제시대 부모 없이 자란 어떤 사람은 미국인 선교사의 도움으로 대학까지 마치고 사회에 나가서 성공했다. 그는 은혜에 보답하고 싶었다. 선교사가 미국으로 돌아가 여생을 보내고 있다는 소식을 접하고 비행기에 몸을 실었다. 선교사는 그의 성공을 축하해주었다.

"이렇게 훌륭한 사람이 되어주어서 고맙습니다. 그러나 제게 무언가를 갚으려고 하지 마십시오. 제가 신의 뜻에 따라 당신을 도왔듯이 도움이 절실한 또 다른 누군가를 돕기를 바랍니다."

그는 선교사의 가르침대로 고국으로 돌아와 고아들의 후원자가 되었다.

기독교인들은 그들의 신을 '아버지'라고 부른다. 자신을 이 세상에 있게 한 그분을 '신'이 아니라 부모로서 대한다. 그분이 나에게 사랑을 베풀었듯이, 나 역시 누군가에게 사랑을 베푸는 것이 바로 신이 우리를 이 땅에 살아가게 하는 뜻이라고 그들은 믿는다.

무엇이든 좋다. 부모의 사랑을 사회에 환원하는 것이든, 아니면 신의 뜻에 따라 사는 것이든 사람이 이 세상을 살아가는 한 가지 이유를 찾으라면 그것은 사랑의 베풂이다. 갚는 것이 아니라 베푸는 것이다.

우리는 우리의 자녀들에게 너 혼자 잘살고, 너 혼자 일등 하라고 가르치지 않는다. 더불어 사는 세상임을 가르치고, 네가 받았듯이 남에게도 베풀라고 한다. 그런데 우리는 자라면서 의심의 눈초리를 갖게 되고 베풂을 멀리 하게 된다. 가깝게 얼굴 마주 하는 직장 동료나 거래처 사람들에게도 도움을 베풀 줄 모른다. 그들을 돕는 것이 내게 도움이 될까를 생각한다. '기브앤테이크'나 '윈윈'이 마음의 바탕색을 이룬다.

김기남 멘토가 전 직장에 있을 때였다. 당시 회사에는 외국인 근로

자가 30여 명 있었다. 외국인 근로자에게 명절은 명절이 아니다. 타향에서 보내는 휴일의 한가한 오후가 그들은 견디기 힘들다. 고향에 있는 부모님과 형제들, 그리고 아내와 자식이 눈에 밟힌다. 차라리 정신없이 일하는 편이 나은지도 모르는 지독히 외로운 하루다. 그날 김기남은 아내와 함께 음식 보따리를 싸들고 왔다. 그들이 굶을까 걱정스러웠기 때문은 아니다. 그들의 텅 빈 마음을 조금이나마 채워주고 싶었다. 어떤 위로도 위로가 안 되고, 어떤 진귀한 음식도 그들을 행복하게 해줄 수 없다는 사실을 그 역시 알고 있다. 다만 그들의 외로움을 조금이라도 나누고 싶었다. 세상에서 가장 아름다운 선물은 무엇인가? 베푼다는 마음 없이 수줍게 건네는 것이다. 선물은 주는 사람이 고마워해야 한다고 한다. 받는 사람이 그 마음을 허락해 주었으므로 선물을 주는 사람이 감사해야 한다고 한다.

"제 선물을 받아주셔서 고맙습니다. 당신이 받아주셨기에 제 선물이 빛날 수 있었습니다. 비록 당신의 마음이 이 선물로 행복해지지는 않겠지만 그래도 힘내시기를 바랍니다."

김기남은 그런 마음으로 음식을 준비했고, 베풀었다. 베푼다는 마음 없이 베풀었고, 준다는 마음 없이 주었다.

직원들에 대한 김기남 부사장의 마음은 부모 같다. 그는 직원 생일에는 개인 면담을 한다. 직원이 280여 명이므로 면담은 거의 하루에 한 번꼴로 있는 셈이다. 이날은 생일 맞은 사람에게 한 가지 소원을 말하게 한다. 회사에 대한 요구사항을 듣는다. 이날 들은 요구사항은 전 직원에게 공개하고, 그 결과를 보고한다. 직원이 아니라 귀한 고객으로 대한다. 70억 인구가 사는 이 세계에서 그 사람과 내가 이렇게 한 자리에서 일할 수 있는 확률을 생각하면 정말 귀한 인연이다. 그 인연을 소중히 여기는 마음으로 사람을 대한다. 공개한 이메일로 늘 직원들의 불만사항이나 개인사를 경청한다. 얼마 전에는 주례를 부탁하는 신입사원도 있었다. 김기남 멘토는 말한다.

"주고 또 주고 그리고 또 주는 것."

시골 집 내려가면 어머니는 바리바리 짐을 싸서 안겨준다. 그러면서 주름 깊은 얼굴로 '더 못 줘서 미안하다'고 말씀하신다. 아낌없이 주는 나무는 동화 속의 이야기가 아니다. 바로 우리 곁에 계시거나 혹은 계셨다. 자신을 위해서가 아니라 후대의 누군가를 위해 나무를 심었던 그 이야기 속의 노인도 바로 우리 곁에 있거나 혹은 있었다. 그 사람들의 마음으로 사람을 만나야 한다.

05

인맥의 본질을
알게 되다

어느 청년이 한 여인을 사랑했다. 그런데 그 여인이 죽을병에 걸렸다. 청년은 여인을 살리고 싶어서 현인을 찾아갔다. 그가 말하기를 '당신 어머니의 심장을 구해온다면 그 여인을 살릴 수 있다.'고 했다. 청년은 갈등에 빠졌다. 여인을 구하자니 어머니를 희생해야 한다! 그러나 청년은 애정에 눈이 멀었다. 그 어머니를 해하고 심장을 꺼냈다. 청년은 손에 심장을 들고 서둘러 여인에게 달려갔다. 그런데 너무 급하게 뛴 나머지 돌부리에 걸려 넘어지고 말았다. 그러자 어머니의 심장이 이렇게 말했다.

"애야, 어디 다친 데는 없니?"

그게 어머니의 마음이다.

어렸을 때 잔병치레가 많았던 나는 환절기마다 감기에 걸려서 끙끙 앓고는 했다. 아직도 그때 먹었던 쓰디쓴 약의 맛과 알약이 입안을 돌아다니는 느낌, 그리고 약에 취해 낮 동안 너무 오래 잔 나머지 밤에 잠을 설쳤던 기억이 있다.

혼자 깨어 있는 밤은 무서웠다. 이리저리 뒤척거리고, 이불을 머리끝까지 뒤집어쓰고, 귀를 틀어막고, 좋은 상상으로 나쁜 생각들을 지우려고 애를 썼다. 죽을지도 모른다는 엉뚱한 생각, 귀신이 나올지도 모른다는 생각, 온갖 잡념에 마음은 지칠 때로 지쳐가다가 끝내 엄마를 깨우고는 했다.

엄마는 그런 나를 꼭 안아주었다. 이불로는 막지 못했던 그 두려움과 불안을 엄마는 두 팔로 가려주었다. 그러면 나는 깊은 잠에 빠져들고는 했다.

그런 어머니가 늙으셨다. 어금니가 없어도 밥 먹는 데 아무 지장이 없다며 손사래를 치고, 백내장으로 시야가 뿌옇고 가끔 찌르는 듯한 통증을 느끼면서도 수술 받는 게 무섭다고만 할 뿐, 자식 지갑에서 돈 나가는 걸 싫어하신다.

도인이 우자춘을 아미산으로 보낸 이유는 그에게 가장 소중한 것이 무엇인지 알려주기 위함이었다. 우자춘은 '나는 괜찮다.' 하는 어머니의 외침을 듣는다. 우자춘의 마음을 움직인 것은 그 어미의 한없는 모성이었다.

김기남 멘토가 기억하는 어머니의 모습은 '내가 죽으면 너희가 따라죽을까 봐' 하고 말하던 그 순간이다. 어머니는 죽음을 앞에 두고도 자식을 염려하는 분이었다.

인맥을 쌓는 수많은 비결이 있다. 그런데 그 핵심에는 무엇이 있을까? 인맥 멘토는 그곳에 '어머니의 마음'이 있다고 말한다. 어머니가 우리에게 베풀었던 그 마음을 타인에게 베푸는 것이라고 한다. 어머니를 떠올리면 왜 목이 메고 꿀 먹은 벙어리마냥 아무 말도 못하는 것일까. 고작 해야 우리 입에서는 '아, 어머니!' 하는 장탄식이 터질 뿐이다.

그 여자는 도대체 나와 무슨 상관이기에 내게 이런 사랑을 베풀었는가!

어머니의 한없는 사랑을 생각해 본다면 어머니의 마음으로 사람을 만나는 것이 상대에게 어떤 기억으로 남게 되는지 어렵지 않게 짐작할 수 있다.

마지막으로 멘토의 이야기 한 가지를 더 전해야겠다.

어머니의 마음은 자신의 심장까지 내줄 만큼 뜨겁지만 현실적인 한계는 있다. 경제적인 형편 때문에, 주어진 시간의 한계 때문에 우리는 타인에 대한 사랑을 표현하는 데 한계를 느끼기 마련이다. 또한 사회적 신분이나 위치 등 여러 제약 조건이 따른다. 이 때문에 공자는 예를 마음과 형식으로 구분했는데, 자사는 〈중용〉이라는 책에서 이를 '중화(中和)'라는 말로 설명한다. '중'이란 희로애락의 감정 따위가 마음 안에 갖춰진 상태라고 한다. '화'란 그 감정이 상황에 따라 적절히 드러나는 것을 말한다. 즉 중이란 내 마음에 갖춰져 있는 감정 상태이고 그 감정이 특정 상황에 따라 적절히 드러나는 것이 화의 상태이다.

그런데 멘토는 이 '중화'라는 말이 예를 가장 잘 설명한다고 말한다. 그 사람에 대한 애정은 늘 '중'이라는 상태로 마음에 내재되어 있다. 그러나 환경조건에 따라 그 마음이 드러나는 방식이 달라진다. 상황에 맞게 잘 드러났을 때 이를 '화(和)', 즉 잘 어우러졌다고 말한다.

우리가 누군가를 뜨겁게 사랑하더라도 우리가 처한 조건이나 상대의 입장, 주어진 시간이나 경제적인 환경 등에 따라 제약 조건이 생기게 마련이고, 그때에 맞게 표현하는 것, 드러내는 것이 곧 인맥 관리의 방법론이 될 것이다.

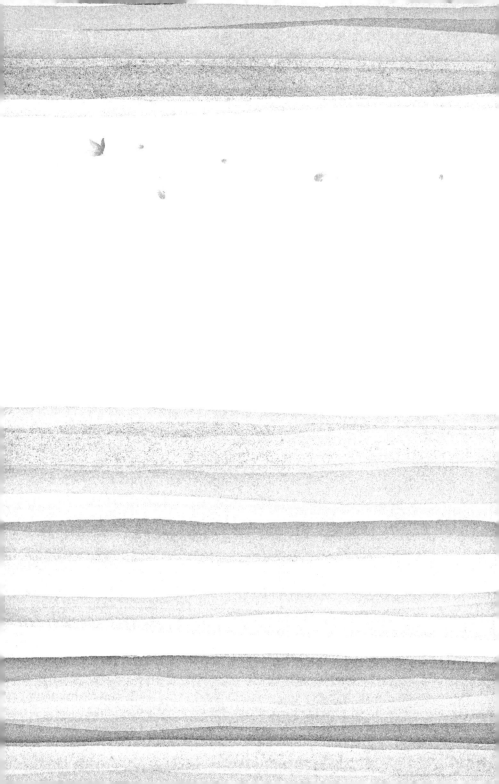

자연스럽게 친해지고
지속적으로 관계를
유지하는 방법

"아직 못다 하신 이야기가 있다고요?"
"……이제 제 방법을 알려드려도 될 것 같아서요."

01

공유 거리를
찾아라

여섯째 만남 이후 멘토에게 전화가 왔다. 이번 만남은 멘토가 전격적으로 주선했다. 이제는 방법을 알려주어도 괜찮겠다는 말씀이었다. 곧 찾아뵈었다.

"인맥이 무엇인지 모른 채 방법을 배우는 것은 위험해요. 그러나 왜 인맥이 중요한지 그 내용을 알았으니 이제는 방법을 배워도 좋을 것 같았습니다. 물론 이 방법은 각자에게 맞는 방식으로 바뀔 수 있어요."

멘토는 그날 자신의 수첩을 보여주며 어떻게 사람들을 관리하는지 한 가지씩 알려주었다. 멘토는 지금까지 그랬던 것처럼 집에 가서 다시 한 번 잘 정리해 보기를 권했다. 아래 내용 역시 큰 틀에서는 멘토가 들려준 이야기를 따르고 있으나 세세한 이야기는 내 입장에서 다시 정리한 것이다.

멘토가 들려준 방법론의 핵심은 '자연스럽게 친해지고 지속적으로 관계를 유지하는 방법'이었다.

마치 물이 스며들듯이, 손톱이 자라듯이 어색하지 않게 사귈 수 있는 방법은 없을까? 언제 친해졌는지 알지 못하도록 가까워지는 방법은 없을까? 나는 그게 궁금했다.

사람을 사귀는 게 어려운 이유는 어색함 때문이다. 전화를 걸어놓고도 무슨 말을 해야 할지 몰라 용건만 간단히 주고받은 뒤 끊거나 마주 앉은 자리에서도 화젯거리를 찾지 못해 커피만 홀짝이거나 이메일을 쓰다가도 할 말이 없어서 껌벅이는 커서만 바라보기 일쑤이다.

어렵사리 첫 만남을 가진 후에도 다시 연락하기가 망설여지고 그렇게 한두 번 기회를 놓치면 인연은 스쳐가는 바람처럼 멀어지게 된다. 발품은 열심히 팔았으나 소득은 없고, 모든 것을 다시 원점에서 출발하게 된다.

혹은 원하는 소득을 얻지 못해서 '아마도 이 사람과는 인연이 아닌가 보다' 하고 여기거나 콘택트 포인트가 아니라고 여기고 더 좋은 사람을 찾아봐야겠다, 다른 사람을 소개받아야겠다고 여기게 된다.

단 한 번의 만남으로 모든 것을 판단한다.

아예 떠올리기 싫은 사람도 있기 마련이다. 업무상 불가피하게 만나기는 하였으나 왠지 나를 깔보는 것 같거나 혹은 내게 관심을 갖지 않는 듯한 인상을 받은 나머지 연락을 취하기 싫은 사람도 있다.

어떤 경우든 친분은 자연스럽게 멀어지고, 아니 가까워진 적도 없으니 멀어진 것도 아니리라, 나중에 우연히 만나게 되면 '우리는 인연이 없는 것 같은데요' 하는 마음을 들키지 않기 위해 공연히 아는 척하고 활기차게 몇 마디를 주고받지만 대화는 이어지지 않고, 만남의 그 짧은 순간은 서로에게 아무런 인상도 남기지 못한 채 기억 저편으로 사라진다.

왜 이런 문제가 생길까? 어색함을 제거하지 못하고 끝끝내 그저 이름만 아는, 인간관계 아닌 인간관계가 되어버리는 이유는 무엇일까? 김기남 멘토는 이렇게 말한다.

"관심이 없기 때문입니다."

"무엇에 관심이 없다는 뜻입니까?"

"사람에 관심이 없기 때문입니다. 비즈니스로 만나든 다른 일로 만나든 사람을 만날 때는 사람 자체만을 보아야 합니다. 사람을 수단으로 여겨서는 안 됩니다. 사람에 대한 근본적인 관심을 가져야 합니다."

예컨대 가족과 대화할 때 우리는 가족의 관심거리로부터 대화를 이끌어가려고 한다. 그의 지위나 능력을 따지지 않고, 내게 무엇을 해줄 수 있는지 갈구하지 않은 채 대화를 시도한다. 상대가 즐겨 먹는 음식을 함께 먹고, 상대가 관심을 둔 분야의 이야기를 화제로 올린다. 상대를 관계의 중심에 놓으려고 애쓴다.

그런데 비즈니스로 만날 때 사람들은 자신을 관계의 중심에 놓는다. 대화는 '이익'이라는 차원에서 진행되고, 따라서 장기적인 관점에서조차 별 소득이 없을 것이라고 생각되면 대화는 이어지지 않는다.

그래서 수많은 사람들이 '상대의 입장에 서 보라'고 조언한다. 한마디로 '역지사지'이다. 하지만 역지사지란 생각처럼 쉬운 말이 아니다. 상대는 액션활극을 좋아하는데, 나는 SF물을 즐긴다면 좀처럼 대화의 거리는 좁혀지지 않는다.

이는 마치 장님이 등을 들고 밤길을 걷는 것과 흡사하다. 장님에게는 밤이나 낮이나 차이가 없다. 다만 이 현명한 장님은 상대를 배려하여 등불을 들고 다닌다. '사람들이 이 등을 보고 잘 피해가겠지.' 하는 생각이다. 그런데 우려했던 일이 벌어진다. 장님이 길 한복판에서 마주오던 자와 부딪쳤다. 장님이 소리친다.

"이보시오. 당신은 이 등불이 보이지도 않는다는 말이요?"

그러자 상대가 응수한다.

"아니, 당신은 등불이 꺼진 줄도 모르시오?"

역지사지를 하려면 우선 내 눈이 밝아야 한다. 그런데 취향이 다르다면? 관심이 다르다면? 좀처럼 좁힐 수 없는 간극이라면?

"멘토님, 이럴 때는 어떻게 해야 합니까?"

김기남 멘토가 답한다.

"역지사지가 아니라 공유에서 답을 찾아야 해요."

나도 좋아하고, 상대도 좋아하는 것. 아니 좋아하는 것까지는 아니어도 최소한 관심을 갖고 있는 것을 가운데 놓고 상대와 교류해야 한다.

02

화젯거리 찾는 법

할 말이 없을 때 우리는 날씨 이야기를 꺼낸다. 날씨는 공유할 좋은 화제가 되기 때문이다. 설령 공간적으로 멀리 떨어져 있는 사람에게 안부를 물을 때도 날씨는 말문을 여는 훌륭한 소재가 된다. 같은 기후권에 속하지 않더라도 날씨에 대한 관심만큼은 공유할 수 있다. 미국 시애틀에 사는 친구에게 안부를 물을 때도 우리는 곧잘 '서울은 날씨가 화창한데 그곳은 어떤가?' 하고 묻게 된다. 그런데 만일 당신이 시애틀의 날씨까지 알고 있다면 화젯거리는 더욱 풍부해진다. '폭우가 쏟아졌다던데 괜찮니? 피해는 없고?' 어렵지 않다. 나의 관심거리를 확대하여 상대의 관심거리로 화제를 확대하면 된다. 그게 진정한 역지사지의 마음이다.

　같은 맥락에서 우리는 사람이 보편적으로 관심을 갖고 있는 소재에서 화젯거리를 찾을 수 있다.

　❶ **자연 환경** : 기온, 습도, 날씨, 눈, 비, 계절, 일교차, 감기, 건강 등

　일본에 쓰나미가 덮치고 원전 사고가 터졌을 때였다. 김기남 멘토는 서둘러 일본에 사는 지인에게 전화를 걸어 그의 안부를 물었다. 비록 쓰나미의 직접적인 피해 지역은 아니었으나 방사능 유출 사태가 걱정되었기 때문이다.

　이런 특수한 사례 외에도 날씨와 같은 자연 환경은 건강과 경기에 영향을 끼치므로 사람들의 주요 관심거리가 된다.

　❷ **대중문화** : 스포츠, 예능 프로, 연예인, 영화 · 연극 · 뮤지컬 · 공연 등

　월드컵처럼 전 국민의 관심을 끄는 소재가 있다. 평소에도 마찬가지이다. 특별한 이슈가 없을 때도 점심시간의 화젯거리는 그 전날 밤 시청했던 오락 프로나 스포츠인 경우가 많다. 당신이 즐겨 보는 프로그램이 있다면 이를 화제 삼아도 된다. 특히 프로그램은 몰라도 연예

인 이름은 서로 잘 알고 있으므로 대화의 소재가 되기 좋다.

❸ **경제** : 유명 CEO 동향, 업계 변동 상황, 경기 부침, 주가, 부동산,
재테크 등

이밖에도 상대가 다니는 회사에 대한 관심, 상대의 가족에 대한 근
황 등 주위를 둘러보면 공통의 관심사를 찾기는 어렵지 않다. 상대
가 방에만 틀어박혀 사는 은둔형 외톨이이거나 세상 돌아가는 데는
관심이 없고 특정 취향에 푹 빠져 사는 마니아가 아닌 이상 얼마든지
화젯거리를 찾을 수 있다. 핵심은 그런 대중적 관심사에 얼마나 관심
을 기울이고 있느냐 하는 점이다.

나아가 우리는 그 관심사를 통해 상대의 의중을 확인할 수 있다. 가
족 관계에 문제가 있는 사람이거나 회사 사정이 안 좋은 사람에게는
덕담을 건네면서 말문을 여는 것도 좋은 방법이다.

"요즘 경기가 안 좋은데 회사는 어떤지 궁금합니다. 바라는 바가
잘 이루어지길 기원합니다."

행운을 빌어주는 것은 듣는 사람에게 언제나 힘이 된다. 무엇을 화
젯거리로 삼을 것인지 찾는 일은 생각만큼 어렵지 않다. 특히 그 사
람이 바라는 것이 무엇인지 함께 생각해 보는 것은 중요하다.

참고로 김기남 멘토는 다음과 같이 누구에게나 중요한 시기에는

이를 화제 삼아 꼭 연락을 취한다.

❶ 명절, 휴가철, 한 해의 시작과 끝, 분기의 시작과 끝

1년이라는 시간을 놓고 보면 직장인에게 중요한 분깃점이 되는 때가 있다. 그때는 반드시 연락을 취한다.

❷ 월드컵처럼 사회적 공감대를 이끌어낼 수 있는 화제가 있을 때

같은 공간 안에 있다는 느낌을 줄 수 있다. 또한 비즈니스로만 만나는 관계가 아니라는 점을 어필할 수 있다.

03

한 달에 한 번은
무조건 연락을 하라

우리는 뜬금없는 연락을 이상하게 여긴다. 작년에 만나고 아무런 연락이 없던 사람이 1년 후에 갑자기 전화를 한다. 학교 동창이었고, 친했던 사람이라면 반갑겠지만 고작 한두 번 만난 사람이 1년 뒤에 갑작스레 연락을 취해오면 어색하지 않은가.

이런 어색함을 피하는 방법은 지속적인 연락이다. 김기남 멘토의 경우는 기본적으로 한 달에 한 번 문자와 메일을 함께 보내는 것을 원칙으로 삼는다. 직장인들의 생활 주기는 월급에 맞춰 대개 한 달로 끊어진다. 동호회 활동이나 친구와의 만남도 한 달마다 반복된다. 또한 급변하는 현대 사회에서 사람들의 관심사 역시 대체로 한 달을 주기로 변하게 된다. 물론 사람과 연락을 하는 데 정해진 시간은 없다. 더 자주하면 좋은 관계도 있고, 한 달의 한 번 연락도 부담스러워하는 관계가 있기 마련이다. 하지만 김기남 멘토가 지속적으로 인맥을 늘려온 방법이 옳다고 가정한다면 한 달에 한 번 연락은 '지속적인 인맥 관리의 포인트'이다.

김기남 멘토가 이메일을 보내는 원칙이 있다.

첫째, 장문의 편지는 고통스럽다.

"이메일은 가급적 간결하게 보내야 합니다. 4~5줄이면 부담 없이 읽을 수 있습니다."

일명 '스크롤 압박'을 줄 만큼 뱀처럼 긴 글은 상대를 압박하게 된다. 업무로 보는 메일도 아니고 잠시 일상 관리 차원에서 메일을 열었는데 끊임없이 이어지는 글을 마주하게 되면 여러분은 어떻게 하는가? 앞의 몇 줄은 읽겠지만 금방 마우스 휠을 돌리며 죽죽 내려가게 되지 않던가?

그러므로 이메일은 늘어지는 설명보다는 한두 마디 안에서 쉽게 의미를 파악할 수 있도록 해주어야 하며 사족은 자르는 게 좋다.

둘째, 클릭 한 번으로 메일의 모든 내용을 다 볼 수 있도록 한다.

별로 중요한 내용도 아닌 것 같은데 첨부 파일까지 있다면 얼마나 짜증이 나겠는가. 하루에 쏟아지는 메일이 한두 통도 아니고, 일일이 첨부 파일을 클릭해서 다운받고 열어봐야 한다면 이처럼 상대를 배려하지 못하는 이메일도 없을 것이다.

가급적 클릭 한 번으로 모든 내용을 볼 수 있도록 해야 하며, 정말 달리 방법이 없다고 할 때만 파일을 첨부하도록 한다.

셋째, 전체 메일은 금물이다.

봐도 그만 안 봐도 그만인 메일은 보내지 않는다. 막연한 전체 대상에게 보내는 파일은 '이 사람이 정말 나를 생각하고 보낸 것인지, 아니면 그 많은 수신자 가운데 그저 나 한 명을 끼워 넣은 것인지' 헷갈리게 만든다.

그 무리 중 한 명이라는 대우를 받으면 기분이 어떨까? 나 혼자 관심의 대상이 되는 것과, 관심을 1/N로 나눠 받는 것은 전혀 의미가 달라진다. 특히 전체 메일은 스팸메일 같은 느낌을 받게 하므로 절대 금물이다.

넷째, 월초나 계절이 시작할 때는 '문자 메시지'를 보낸다.

마셜 맥루한은 "미디어는 메시지이다."라고 말했다. 같은 내용이더라도 어떤 미디어(이메일이냐, 문자 메시지냐, 전화 통화냐, 대면이냐)를 택하느냐에 따라 상대가 받아들이는 의미가 달라진다는 얘기이다.

물론 요즘은 경계가 허물어져서 휴대폰 문자 메시지도 컴퓨터로 확인하고 인터넷 이메일도 휴대폰으로 확인하는 사람이 늘었지만 그래도 이메일은 컴퓨터, 문자 메시지는 휴대폰으로 확인하는 게 일반적이다(물론 어렸을 때부터 스마트폰을 사용하던 사람이라면 이런 구분은 무의미할지 모른다.). 이 말은 이메일은 사무적인 느낌을 주기 쉽고 반면 문자 메시지는 개인적인 관계를 어필하는 데 도움이 된다는 것을 의미한다. 따라서 이메일로만 연락을 취하는 것보다는 문자 메시지를 함께 활용하는 게 관계를 돈독히 만드는 데 좋다. 김기남 멘토는 월초나 계절이 시작할 때는 반드시 '문자 메시지'를 보낸다.

김기남 멘토 입장에서는 두 가지를 병행하여 연락을 취하는 셈이다. 즉 한 달에 한 번 문자 메시지와 이메일을 보내는데 문자 메시지는 월초(혹은 계절이 시작하는 달의 월초)에 보내고, 그 중간에 이메일을 한 번 보낸다. 한 달에 총 2차례 연락을 취한다.

04
문득 그 사람이
생각날 때

한 달에 두 차례 연락을 기본으로 하되 한 가지 주의할 점이 있다. 아무리 인맥을 관리해야 한다고 하지만 기계적으로 정해진 시간에 연락하는 것은 왠지 사람 냄새가 나지 않는다.

특히 마음속으로 간절히 그 사람이 그리워질 때가 있다. 어쩌면 그런 사람들은 특별히 마음이 쓰이고 정이 가는 사람들일지 모른다. 이런 판단은 비즈니스적으로 내리는 게 아니라 사람을 생각하는 그때그때의 마음에 달린 일이다.

중국 스촨성에 대지진이 발생했을 때 김기남 멘토는 곧장 수화기를 들고 스촨성에 있는 지인에게 전화를 걸었다. 일? 지금 이 순간에는 일이 중요하지 않다. 사람! 그 사람이나 그 사람의 가족, 혹은 동료의 안전이 걱정되지 않겠는가.

마구간에 불이 났다. 공자가 말했다.

"다친 사람은 없는가?"

공자는 재산 피해가 얼마나 되었는지는 묻지 않았다.

우리는 비즈니스맨이라는 탈을 쓰고 사람을 만난다. 심리학에서는 이런 탈을 '페르소나'라고 부른다. 그 탈속에는 사람의 얼굴이 숨어 있다. 우리가 처한 비즈니스라는 환경에서는 탈속에 숨은 맨 얼굴을 드러내면 안 될 때가 많다. 많은 이들이 탈속에서 숨죽인 채 살아간다. 그러나 지진이나 화재, 쓰나미, 홍수와 같은 사태에 부딪쳐서는 가면을 벗고 나의 감정을 드러내야 한다.

이때 이메일이나 문자 메시지는 도리어 역효과를 내기 쉽다. 집이 무너지고, 목숨이 오락가락하는 판국에 이메일을 보내서 안부를 묻는 것이 좋은 방법일까?

'내가 한가하게 이메일이나 뒤적이고 있을 줄 알았나?'

아마 상대가 이렇게 생각하지 않을까?

마음을 표현하는 가장 좋은 방법은 얼굴을 마주하는 것이고, 그 다음이 육성을 전달하는 것이고, 그 다음이 문자 메지시를 보내는 것이고, 그리고 가장 마지막이 이메일을 보내는 것이다.

한번은 김기남 멘토가 제주도에 갔다가 고등학교 동창을 만났다.

제주도가 고향인 그 친구가 이런 말을 했다.

"살아서 다시 만날 수 있겠냐?"

무슨 말인가 싶어 사정을 물어보니, 이곳을 다녀간 친구들이 '다시 오마' 하고 약속해 놓고는 더 이상 소식이 없다는 말이었다. 외로운 친구였다.

김기남 멘토는 그 뒤로 꾸준히 연락을 취했다. 그 사이 친구 내외가 서울을 두 차례 다녀갔고, 김기남 멘토 내외도 제주도를 다녀오게 되었다. 두 번째 제주도에 갔을 때는 친구 부부가 모두 휴가를 내고 김기남 멘토의 제주도 여행을 안내해주었다.

계획을 짜서 인맥을 관리하는 것, 매우 중요한 일이다. 그러나 더 중요한 것은 마음의 명령을 따르는 일이다. 보고 싶다. 그립다. 아무리 일상에 치여 살고 비즈니스가 중요하더라도 사람에게는 지인에 대한 그리움이 있기 마련이다. 마음의 소리를 무시해서는 안 된다. 한 달에 한 번 연락을 취하고 지속적으로 관계를 만들어가는 것보다 중요한 것은 사람의 마음을 어루만지는 일이다. 그때 비로소 지속적으로 유지해온 관계가 급속도로 친해진다. 특히 외로움을 타고 있거나 안 좋은 일을 겪었을 때 그때 옆을 지키는 사람이 친구가 된다.

한 가지 팁이 더 있다. 김기남 멘토는 내게 메일 한 가지를 보여주었다. 메일 중에는 종종 사람들과 함께 나누고픈 좋은 글귀들이 있기 마련이다. 당시 내가 보았던 메일은 저 먼 북쪽 지방의 눈 덮인 풍경과 함께 우리의 감수성을 건드리는 따뜻한 글귀들이었다. 인터넷을 검색하거나 혹은 이메일을 접하다 보면 숨통을 트이게 해주는 좋은 글귀를 만날 때가 있다. 숨을 꾹 참고 수심 깊은 곳까지 내려가 차디찬 바닷물과 온몸을 옥죄는 수압을 견디고 있을 때, 나를 잠시 수면 위로 올려주는 돌고래 한 마리처럼 우리의 갑갑한 가슴을 탁 트이게 해주고, 잠시 내가 살아 있는 사람이라는 느낌을 주는 글귀를 만날 때가 있다. 이때 당신이라면 이 좋은 글을 함께 나누고픈 생각이 들지 않겠는가. 설령 자신이 만든 것은 아닐지라도 김기남 멘토처럼 지인들과 함께 나누고 싶다는 생각에 이메일을 켜게 되지 않겠는가. 그럴 때는 단 일 분도 주저하지 말고 사람들에게 메일을 띄우는 게 좋은 방법이다. 물론 이런 즉흥적인 메일 발송은 계획적인 메일 발송과 무관하므로 아예 카운트를 하지 않는 게 바람직하다.

05
잠깐 만나는 그 순간에
집중하라

김기남 멘토의 수첩에는 1만 명의 인맥이 들어 있다. 그는 일상적으로 3,000명의 인맥을 관리한다. 그렇다면 나머지 7,000명에 대해서는 어떻게 할까?

3,000명이라는 숫자도 한 개인이 관리하기에는 벅차다. 때마다 한 번씩 3,000명에게 이메일과 문자 메시지를 발송하는 일이 어디 그렇게 간단한 일이겠는가.

하지만 더 궁금한 것은 7,000명이었다. 김기남 멘토에게 물었다.

"나머지 7,000명은 어떻게 관리하십니까?"

"자주 연락하지는 못하지요. 그래도 1년에 한두 차례 정도는 연락을 하게 됩니다."

문제는 바로 그 순간이다. 상대 입장에서는 1년에 한두 차례 연락을 하는 것인데 바쁘다거나 귀찮다는 이유로 대충 전화를 받거나 나중에 통화하자고 미루게 되면 관계는 이어지지 않는다. 오히려 평소 꾸준히 관리하는 사람들보다 더 높은 집중력을 보여야 하는 게 7,000명이다. 그들은 내게 많은 기회를 주지 않기 때문이다.

하루는 1년 만에 지인이 찾아왔다. 김기남 멘토는 그간 어떻게 지냈는지 일상적인 질문을 주고받으며 대화를 이끌어갔다. 사실 이 과정은 매우 중요한데 평소에 꾸준히 연락을 주고받은 사이라면 근황을 잘 아니까 곧장 화제로 들어가면 된다. 그러나 1년 사이 무슨 일이 있었는지, 혹은 1년 만에 만날 만큼 아직은 가까운 사이가 아닌 이 사람이 어떤 인생을 살아왔는지 모르는 상태이므로 조심스럽게 탐색전을 펼치기 마련이다. 그리고 상대가 어디에 관심을 갖고 있는지, 걱정거리가 무엇인지 찾아가야 한다. 상대에 대한 인간적인 관심이나 애정이 없으면 쉽지 않은 일이다.

어쨌든 김기남 멘토는 그와 이야기를 나누는 도중 그에게 자폐증을 앓고 있는 중학교 1학년짜리 아들이 있다는 사실을 뒤늦게 알게 되었다. 김기남 멘토는 적절히 호응을 해주며 이야기를 경청했다. 그리고 아버지이자 가장으로서 상심해 있는 그에게 무슨 말이라도 해주고 싶었다.

"제 아들이 공익근무 요원으로 군대 생활을 했습니다. 어느 학교에 출퇴근하면서 자폐아를 보호해주는 일이었습니다. 아들이 그러더라고요. 자폐증 아이들은 대화가 안 돼서 무척 힘들다고요. 그렇게 근무를 마치고 제대했습니다. 그해 어린이날이 다가왔는데 아들 녀석이 갑자기 애들이 보고 싶었던 모양입니다. 선물을 마련해서 찾아갔더랍니다. 학교 선생님들 만나서 '아이들이 보고 싶어서 왔다'고 하니까 흔쾌히 자리를 마련해 주었다고 해요. 사실 아들 녀석은 큰 기대를 하지 않았습니다. 애들이 나를 기억할까? 애들이 즐거워할까? 그런데 놀랍게도 아이들이 반겨주고 좋아했다는군요."

김기남이 이야기를 마치자 손님의 표정에 변화가 있었다. 그는 자폐증 자녀에 대해서 술술 이야기를 풀어놓기 시작했다. 아버지로서 느끼는 심정, 집사람과 가족이 겪게 되는 고통…… 어디 가서도 터놓고 말하지 못했던 이야기들이 풀린 실타래처럼 흘러나왔다. 김기남은 같은 아버지의 마음으로 이야기를 경청했다. 1년 만에 마주한 이 방문객에게 그 순간 필요했던 것은 단지 '내 이야기를 들어주는 사람'이었을지 모른다. 김기남은 자신이 그에게 줄 수 있는 것이 아무것도 없다는 사실을 알고 있었다. 오직 해줄 수 있는 것은 '희망을 잃지 말라'는 말이었다. 지인은 고맙다며 눈시울을 붉혔다.

1년간이나 소식이 끊어져 있던 사람과 공유할 지점을 찾는 일은 매우 어렵다. 더욱이 예전에 친분이 깊었던 사람이 아니었다면 더더욱 공감대를 찾기는 힘들어진다. 그럼에도 이 인연을 이어나가야 할 이유가 있다면 그것은 사람에 대한 애정이 바탕에 있기 때문이요, 또한 우리가 그토록 갖고자 하는 인맥을 확장하는 방법이 여기에 있기 때문이다.

'그를 위하여 마음을 다하였는가?'

여기서 '그'는 평소 내가 관심을 갖고 있던 그 사람인가, 아니면 우연히 만나게 되는 그 인연인가? 7,000명이라는 인맥의 풀은 누구나 가질 수 있으리라. 다만 중요한 차이가 있다. 어떤 사람은 7,000명과 꾸준히 인맥을 유지하거나 때로는 깊은 관계로 발전할 기회를 마련한다. 반면 어떤 사람은 계속 바뀌는 7,000명을 알고 있거나 아니면 상대의 기억에서 잊히는 그 7,000명을 알고 있을 뿐이다.

06

인맥 데이터 관리법

이제 김기남 멘토가 실제로 사용하는 인맥 데이터 관리법을 하나씩 따라가 보자. 이 방법들은 그의 오랜 노하우를 반영하고 있기 때문에 다소 복잡해 보일지 모른다. 하지만 데이터를 관리하는 정석적인 내용들을 담고 있으므로 분명 도움이 되리라고 생각한다. 먼저 새로운 인맥을 만났을 때 개인 정보를 분류하는 방법이다.

|1단계| 명함 정리

인맥 데이터 관리의 시작은 명함이다. 김기남 멘토는 자신이 알고 있는 모든 인맥을 〈주소록 파일〉로 보관하는데 이 파일은 명함 관리에서 시작된다. 처음 만난 상대와 헤어지고 나면 김기남 멘토는 명함을 다시 꺼내들어 그 만남을 복기한다. 만난 날짜, 만난 장소, 용건 등의 객관적인 정보를 명함 앞면 빈자리에 기입하고, 개인적으로 느꼈던 점이나 인상착의, 상대의 관심사 따위를 명함 뒷면 빈자리에 기록한다.

이 과정은 단순히 기억을 재생하기 위해서가 아니다. 만남을 가만히 돌이켜보면서 나의 행동을 돌아볼 수 있고, 상대를 한 걸음 떨어져서 바라보도록 도와준다. 그런 과정을 거치며 상대에 대한 기억을 바르게 재입력하게 되고, 기억도 용이해지고, 그룹도 분류된다.

|2단계| **주소록 파일 작성**

명함 정리가 끝나면 〈주소록 파일〉을 꺼내든다. 주소록 파일은 그의 인맥 1만 명의 정보가 담겨 있는 가장 상위의 파일로, 가장 중요하다. 이 파일은 기본적으로 컴퓨터 파일로 관리되며, 따로 출력하여 2중 관리한다(참고로 김기남 멘토가 관리하는 데이터 가운데 컴퓨터 파일로 된 것은 주소록 파일밖에 없다. 나머지는 모두 수기로 작성하는데 그는 손으로 쓰는 방식이 편리하다고 말한다.).

주소록 파일에는 명함의 내용, 예컨대 이름, 소속, 직위, 전화번호, 이메일 등 기초적인 자료를 모두 적어둔다. 그런데 이 주소록 파일에는 명함에는 없는 두 가지 정보가 추가된다. 하나는 ABC 그룹별 분

앞면

만난 날짜,
장소,
용건 기입

ㅇㅇㅇ

뒷면

느낌,
인상착의,
관심사 기입

ㅇㅇㅇ

류이다. 김기남은 오랜 인맥 관리의 경험상 인맥 데이터는 다음과 같이 세 그룹으로 나누어 보관하는 게 편리하다는 사실을 발견했다.

A 그룹 : 자주 만나면서 긴밀하게 관리해야 할 사람

B 그룹 : 긴밀한 관계는 아니더라도 업무상 반드시 관리해야 하는 사람

C 그룹 : 평소에는 연락을 안 하더라도 명절이나 연말연시에 안부를 물어야 할 사람

다른 한 가지는 인맥의 성격에 따른 분류이다. 김기남은 인맥을 대략 6가지로 구분한다. 친지, 동창, 성당 교우, 거래처, 고객, 관공서 등이다.

ABC 그룹이 얼마나 자주 연락을 해야 하는지 알려주는 분류라면 인맥의 성격에 따른 분류는 상대가 누구인지 쉽게 구분할 수 있도록 도와준다.

이 두 가지 분류 방식을 잘 기억하자. 인맥을 관리할 때 가장 중요한 두 가지는 1) 그가 어떤 사람인지 알아야 하고 2) 얼마나 자주 연락을 해야 하는지 판단하는 일이다. 이 두 가지 가운데 인맥 데이터 관리에서 핵심이 되는 것은 2번이다.

인맥 종류	소속	이름	연락처			비고	그룹
동창	자영업	김○○	Tel.	Mobile.		생일 19×× ××	A
			E-mail				
			Address				
거래처	S사	차○○	Tel.	Mobile.		S사 김과장 소개	B
			E-mail				
			Address				
친지	M사	박○○	Tel.	Mobile.			C
			E-mail				
			Address				
성당	N사	김○○	Tel.	Mobile.			B
			E-mail				
			Address				
관공서	S구청	이○○	Tel.	Mobile.			B
			E-mail				
			Address				
동창	공무원	권○○	Tel.	Mobile.			A
			E-mail				
			Address				

데이터 분류 기준

* 김기남 멘토는 주소록 파일을 6개월에 한 번씩 꺼내보며 혹시 관리가 소홀한 사람은 없는지, 업데이트된 내용은 없는지 살펴본다. 6개월이 넘도록 관리하지 않은 주소록 파일은 생명력이 떨어져 정보로서 가치가 줄어들기 때문이다.

|3단계| A 그룹 관리용 전화번호부 기입

만일 새로 만난 사람이 A 그룹에 속한다고 판단되면 김기남 멘토는 A 그룹만을 위해 따로 마련해 둔 전화번호부 한 권을 펼친다. 이 전화번호부는 가까이 두고 수시로 펼쳐보며 연락하기 위해 장만한 것이다. 당연히 입력하는 내용은 연락처 중심이다. 휴대폰 번호, 회사나 집 전화번호, 이메일, 팩스, 홈페이지 등 연락할 수 있는 모든 수단을 다 적는다. 그 옆에 연락한 날짜나 방법, 내용 등을 간략히 기록하기도 하지만 이는 기억을 돕기 위한 수단일 뿐 핵심은 '연락'이다. 김기남 멘토는 언제 어디를 가든 늘 A 그룹 전화번호부를 지참한다. 만일 광화문에 미팅이 있다면 광화문 근처에 있는 A 그룹 내 지인에게 전화를 걸어 '마침 일이 있어서 광화문에 들렀다, 시간 괜찮으면 차나 한 잔 하자, 내가 내겠다.'고 연락을 취한다. 상대로서도 시간 부담, 비용 부담이 없으므로 매우 용이한 방법이다.

※ A 그룹 관리용 전화번호부는 주소록 파일에서 A 그룹만 따로 취합한 것으로 특별한 형식은 없다.

|4단계| A · B 그룹 휴대폰 입력

만일 새로 만난 사람이 B 그룹이라면 어떻게 할까? 그때는 휴대폰에만 전화번호를 기입하면 된다.

인맥을 크게 개인적 친분과 비즈니스적 친분으로 나눈다면 A 그룹

휴대폰 주소록에
다음과 같이 입력해 두면

김기남 부사장 씨엔플러스

전화가 왔을 때 누군지
쉽게 알아볼 수 있다

은 이 두 가지를 모두 충족하는 그룹이고, B 그룹은 비즈니스적 친분만 있는 사람들이다. A 그룹을 휴대폰에 입력해 놓는 이유는 평소에 그만큼 연락이 잦기 때문이다. 반면 B 그룹을 휴대폰에 입력해 두는 이유는 그 외에 한 가지가 더 있다. A 그룹은 평소 지속적으로 연락을 할 뿐 아니라 숫자가 상대적으로 적어 이름만 봐도 누군지 쉽게 알 수 있다. 반면 B 그룹은 숫자도 많을 뿐 아니라 일상적으로 연락하는 대상이 아니므로 종종 이름을 헷갈리는 경우가 있다. 따라서 휴대폰에 전화번호를 입력해 두되 이름 적는 칸에 직위나 회사 이름을 함께 넣어두면 전화를 걸 때도 도움이 될 뿐 아니라 수신할 때도 큰 도움이 된다. 즉 전화가 걸려 왔을 때 첫 화면에 뜨는 이름, 직위, 회사명만 보고도 누가 전화했는지 확인할 수 있다는 장점이 있다.

|5단계| C 그룹용 전화 · 문자 표 작성

그렇다면 C 그룹으로 분류된 사람은 어떻게 할까? 그들을 위해서는 전화 · 문자 표가 있다.

C 그룹은 1년에 3~5차례 연락을 취하는 그룹이다. 연말연시, 설, 추석 등에 연락을 한다. 이들을 위해서는 전화 · 문자 표를 관리하는데 이 표에는 회사명과 이름, 전화번호만 기입한다. 옆에는 신년, 설, 추석, 기타 항목이 있는데 그때가 되면 이 관리 표를 펼쳐서 전화나 문자를 발송한다. 전화를 걸면 't', 문자를 보냈으면 'm'을 기입한

회사	이름	휴대폰	연말연시	설	추석	기타
S사	김○○	010-7567-○○○○	(M)	M	T	
L사	나○○	010-3467-○○○○	M	(M)	T	
S사	박○○	010-1247-○○○○	M	M	(M)	
L사	김○○	010-9867-○○○○	M	T	M	
N사	이○○	010-3298-○○○○	T	M	M	
A사	최○○	010-2987-○○○○	T	(M)	M	
S사	박○○	010-0987-○○○○	(M)	T	(M)	
P사	최○○	010-3987-○○○○	(M)	T	M	
O사	김○○	010-6543-○○○○	M	M	T	
S사	김○○	010-2616-○○○○	T	M	M	
S사	이○○	010-4721-○○○○	M	M	T	
L사	조○○	010-2817-○○○○	M	M	T	
N사	장○○	010-1938-○○○○	M	T	M	
M사	정○○	010-9476-○○○○	T	M	T	

답신이 온 경우 동그라미

M : 문자 메시지   T : 전화

다. 문자를 보냈는데 답신이 오면 'm' 위에 동그라미를 쳐서 상대의 관심도를 체크한다. 한편 문자 메시지는 개별 발송을 원칙으로 하되 불가피하게 전체 발송을 했을 때는 답신이 오는 사람들에게 반드시 개별 회신 문자를 보낸다.

|6단계| 명함철 관리

이제 최종 단계이다. ABC 분류 이후 각 그룹에 맞는 데이터 입력이 끝나면 명함은 명함철에 모아둔다. 명함철은 일련번호를 붙여가며 기간별로 묶어서 관리하는 방식이 있고(4. 2009년 1월 1일 ~ 2011년 11월 1일), 인맥의 성격별로 묶어서 관리하는 방법이 있다(관공서, 동창, 친지, 거래처 등). 어떤 방식으로 해도 무방하다.

이처럼 여러 단계에 걸쳐 개인 정보를 관리하는 것이 김기남 식 인맥 관리의 노하우이다. 다시 정리해 보면 다음과 같다.

1) 새로운 사람 만나기

2) 명함 정리

3) ABC 분류

4) 주소록 파일 작성

5) A 그룹 관리용 전화번호부 기입

6) A · B 그룹 휴대폰 입력

7) C 그룹 관리용 전화 · 문자 표 작성

8) 명함철 관리

07
일정과 결합된
인맥 관리법

앞의 내용은 새로운 인맥을 어떻게 분류할 것인지가 핵심적인 내용이었다. 이제는 김기남 멘토가 일상에서 어떻게 인맥을 관리하는지 알아보자. 앞선 관리법의 특징이 인맥 분류였다면 이 관리법의 특징은 일정 중심이라는 점이다. 따라서 일정표를 겸한다는 점이 차이가 있다.

| A 그룹용 연간 월별 체크표 |

김기남 멘토는 A 그룹과 연락하기 위하여 〈A 그룹용 전화번호부〉를 따로 관리한다고 앞서 설명했다. 이들은 수시로 연락을 하는 게

회사	이름	1월	2월	3월	4월	5월	6월	7월	8월	9월	10월	11월	12월
S사	김○○ 부장	3일 통화	20일 미팅	11일 문자	15일 점심	9일 통화	23일 미팅	2일 점심	5일 통화	7일 통화	22일 통화	29일 미팅	14일 통화
L사	김○○ 부장	22일 미팅	26일 식사	15일 통화	3일 통화	7일 통화	21일 저녁	22일 미팅	6일 통화	18일 통화	13일 메일	8일 통화	22일 미팅
H사	김○○ 부장	5일 점심	10일 미팅	14일 통화	22일 통화	24일 미팅	18일 문자	9일 메일	13일 통화	15일 점심	17일 미팅	21일 통화	3일 통화
S사	김○○ 부장												
L사	김○○ 부장												

원칙이다. 그러나 이 전화번호부에는 언제 어떻게 연락했는지 기입하는 칸이 따로 없다. 만일 A 그룹 중에 반드시 연락해야 하는 사람이 있었는데 누락되었다면 문제가 되지 않을까.

김기남은 A 그룹 중에서도 중요도가 높은 60곳을 따로 선정하여 특별 관리하는데 〈연간 월별 체크표〉가 그 표이다. 연간 월별 체크표의 세로 항목에는 60곳의 인맥이 담겨 있다(사업체명과 부서, 이름이 기록되어 있다.). 가로 항목에는 1월부터 12월까지 달이 기입되어 있다. 이들의 관리 목표는 매달 함께 식사를 하는 것이다. 점심이든 저녁이든 매달 한 차례씩 식사를 하되 불가피한 경우 가볍게 차라도 한 잔 하는 것을 목표로 삼는다. 시간이 여의치 않을 때는 전화, 문자 메시지 등의 방법으로 연락을 취하여 한 달에 한 차례 연락했음을 스스로 체크한다.

│ **1년 일정을 기입하는 연간 체크표** │

1년 단위 계획을 그리는 표이다. 이 표는 일정표이면서 동시에 1년 주기별로 인맥을 챙기는 방법이 된다. 월별로 기록하게 되어 있는 표이므로 총 12장이 필요하다. 연말연시가 되면 다음 해의 주요 일정을 기록한다. 1년 주기로 찾아오는 기념일이란 거래처 창립기념일이나 지인의 생일 혹은 주요 기념일 따위를 말한다. 이때 중요한 것은 출장 일정, 워크숍 일정, 각종 행사 일정 등도 이 표에 담아야 한다는 점

1년 일정을 기입하는 연간 체크표

일	월	화	수	목	금	토
1 신년	2	3	4	5 A사 창립기념일 / 화환	6	7
8	9	10 S사 김 부장 결혼기념일 / 축하 메시지	11	12	13	14
15	16 L사 박 전무 회갑연 / 부조	17	18	19	20	21
22	23	24	25 S사 이 부장 첫째 결혼식 / 부조	26	27 L사 제품 런칭일 / 화환	28
29	30	31				

* 일정 옆에는 어떤 식으로 축하할 것인지 방법(메시지, 부조, 화환 등)을 함께 적는다.

이다. 일정이 중복되지 않았는지, 그렇다면 우선순위는 무엇인지, 어떻게 챙겨야 하는지 알 수 있어야 하기 때문이다. 연간 계획은 반드시 챙겨야 하는 일정을 담고 있으므로 중요도 면에서 별 다섯 개다.

주요 일정을 기입하는 월간 체크표

매달 말이 되면 연간 체크표를 참조하며 월간 체크표를 작성한다. 월간 체크표가 작성되면 한 달 동안의 모든 일정은 월간 체크표를 기준으로 움직이게 된다. 연간 체크표의 내용이 모두 반영되어 있을 뿐 아니라 가까운 한 달 사이의 일정을 모두 확인할 수 있으므로 매우 유용하다. 한편 월별 체크표에는 매달 새로 생기는 일정을 기입하게 되는데 이때 확정되지 않은 일정은 연필로 기입해 두었다가 확정되면 새로 볼펜으로 적는다.

월간 체크표에는 전화 통화, 문자 메시지, 메일 발송처럼 사소해 보이는 인맥 관리 방법까지 모두 적는다.

구체적인 실행을 위한 2주간 체크표

2주간 체크표는 구체적 실천을 위한 체크표이다. 연간 체크표와 월간 체크표는 순전히 계획 중심으로 잡는다. 큰 그림을 그리기 위한 표이다. 하지만 둘만으로 부족한 점이 있다. 월간 체크표는 달력처럼 한 달이 모두 담겨 있기 때문에 내용을 적을 수 있는 칸이 매우 작

일	월	화	수	목	금	토
1 신년	2 L사 김 과장 통화	3 워크숍 2시	4 S사 김 사장 미팅 3시	5 A사 창립기념일 / 화환	6 신규 거래건 M사 미팅 4시	7 J사 사장 저녁
8 관악산 등반	9 S사 박 부장 통화	10 S사 김 부장 결혼기념일 / 축하 메시지	11 일본 출장 am 11시	12 K사 조 부장 저녁	13	14
15	16 L사 박 전무 회갑연 / 부조	17	18	19	20	21
22	23	24	25 S사 이 부장 첫째 결혼식 / 부조	26	27 L사 제품 런칭일 / 화환	28
29	30	31				

* 연간 체크표의 일정을 반영한 것으로, 한 달 사이의 모든 일정을 기입한다.

: : 이번 주

일	월	화	수	목	금	토
1	2	3	4	5	6	7
신년 사내 간부회의	L사 김 과장 납기일 건으 로 통화	워크숍 2시 – 김 과장	S사 김 사장 – 납품 관련 사무실 미팅 3시	A사 창립기 념일 / 화환	신규 거래건 M사 박 부장 4시 내사	J사 사장 저녁

: : 다음 주

일	월	화	수	목	금	토
8	9	10	11	12	13	14
관악산 등반	S사 박 부장 통화 최 부장 미팅, 공급 물량 관련	S사 김 부장 결혼기념일 / 축하 메시지 오전 11시 영업부 미 팅, 실적 관 련	일본 출장 am 11시	오후 2시 최과장 미팅 K사 조 부장 저녁		갑작스레 추가된 일정

* 2주간 체크표는 구체적인 실천을 위한 표로 평소 할 일은 모두 2주간 체크표를 통해 확인한다.
* 갑작스레 추가되는 일정은 2주간 체크표를 보고 비는 시간을 확인한다.

다. 또한 변동 사항을 반영할 만한 공간이 안 된다. 그래서 필요한 게 2주간 체크표이다. 보통의 경우는 1주간 체크표를 사용하지만 주간 계획은 한 주 전에 적는 게 일반적이기 때문에 2주간 체크표가 훨씬 효율이 높다. 2주간 체크표에는 1주 단위의 일정표가 두 개 들어가 있다.

2주간 체크표에는 월간 체크표의 내용을 보다 자세히 적는다. 'A사 김 과장 6시 미팅'이라고 월간 체크표에 적었다면 2주간 체크표에는 'A사 김 과장 영등포 커피숍 6시 미팅, 보고서 전달' 등 내용을 자세히 적는다. 한편 2주간 체크표에는 갑작스럽게 잡히는 새로운 미팅을 적는다. 일정이 없는 날을 확인할 때는 2주간 체크표가 유용하기 때문이다. 일정을 잡을 때는 먼저 상대의 협조를 구해 본인이 잡는 것이 효율적인 일정 관리를 위해 좋다.

| 미팅 일지 작성 |

직장생활을 하다 보면 사람을 만나는 일이 대개 업무와 관련이 되어 있다. 플래너만 가지고는 누구와 무엇 때문에 만났는지, 어떤 얘기를 나누었는지 알기 어렵다는 말이다. 이럴 때 필요한 게 미팅 일지이다. 미팅 일지는 일련번호(미팅 횟수)와 날짜를 매긴다. 이 일지는 프로젝트가 진행되는 과정을 일목요연하게 보여주는 장점이 있다. 언제 누가 어떤 발언을 했는지, 프로젝트가 어떻게 진행되는지 해당

> **M사 신규 거래건**
>
> ⟋ 미팅 횟수(일련번호)
>
> **⑤ 박○○ 전무 미팅 / 2012.04.17**
>
> 　1) 미팅 내용을 적되, 논의해야 할 점과 대책으로 나누어서 기록하며
> 　　누가 말한 내용인지 적어둔다.
> 　　ex) S사에 부품 검토 요청 : 도면 제시(김 부장)
> 　2) 미팅 말미에는 다음 미팅 날짜에 대한 언급을 기록
>
> **6. 박○○ 전무 미팅 / 2012.05.13**

업무별로 흐름을 읽을 수 있을 뿐 아니라 거래처별로 미팅 일지를 관리하면 업계 전체에 대한 감도 잡을 수 있다.

김기남 멘토는 미팅 일지를 A와 B로 관리하는데 A 거래선은 현재 비즈니스가 활발히 이루어지는 곳을, B 거래선은 신규업체나 가능성이 있는 거래처를 의미한다.

한편 미팅 일지는 업무뿐 아니라 개인적인 친분에서도 얼마든지 활용이 가능하다. 다만 미팅 일지에 적는 내용이 업무 중심이 아니라 개인적 관심사나 새로 알게 된 지인 관련 정보라는 차이점이 있다.

| 단기간 집중 관리 대상을 위한 월간 일일 체크표 |

위의 표들이 장기적인 관점에서 인맥 관리를 계획하고 관리하는 툴이라면 월간 일일 체크표는 단기적으로 집중 관리해야 할 사람들을 위한 표이다. 앞서 미팅 일지에 A 거래선과 B 거래선 두 가지가 있었는데 이때 B 거래선은 신규업체이거나 신규 거래의 가능성이 있는 거래처들이다. 이들은 단기적으로 집중 관리할 필요가 있다. 이들을 위해 따로 마련한 표가 월간 일일 체크표이다. 이 표는 좌측 항목에 거래처 명단이 있고, 우측 항목에 1일부터 31일까지 일별 칸이 있다. 칸이 매우 협소하기 때문에 방문은 'v', 전화는 't', 문자 메시지는 'm'처럼 간략히 기록한다.

단기간 집중 관리 대상을 위한 월간 일일 체크표

항목 \ 일자(요일)	1 목	2 금	3 토	4 일	5 월	6 화	7 수	8 목	9 금	10 토	...	...
A사 기획팀	T	M			V	M	T					
A사 영업팀		T			V		T	T				
A사 생산팀					V		T					
B사 생산부												
B사 개발부		M			T	V	M					
B사 마케팅	E	M				V	M					

전화 · 문자메시지 · 방문 · 이메일

위의 방법들은 김기남 멘토가 필요에 따라 하나씩 만들어온 방식이다. 전부 다 따라 할 필요는 없고, 상황에 따라 바꾸어도 된다. 그리고 기왕이면 자신에게 맞는 방식을 찾아가는 것이 가장 현명하다. 그리고 김기남 멘토가 그랬듯이 여러분도 10~20년에 걸쳐서 서서히 사신의 인맥 지도를 만들어가길 바란다.

서른,
인맥이 필요할 때

초판 1쇄 발행 2012년 5월 10일
지은이 김기남
펴낸곳 (주)지식공간

출판등록 2009년 10월 14일 제300-2009-126호
주소 서울 마포구 합정동 373-4 성지빌딩 706호
전화 02-734-0981
팩스 0303-0955-0981
메일 editor@jsgonggan.co.kr

ISBN 978-89-97142-05-7 03320